雅学堂 丛书·刘进宝 主编

第二辑

杖朝拾穗集

史金波 著

读者出版传媒股份有限公司

甘肃文化出版社

甘肃·兰州

图书在版编目（ＣＩＰ）数据

杖朝拾穗集 / 史金波著. -- 兰州 : 甘肃文化出版
社，2024.6
（雅学堂丛书 / 刘进宝主编. 第二辑）
ISBN 978-7-5490-2986-0

Ⅰ．①杖… Ⅱ．①史… Ⅲ．①史学－中国－文集
Ⅳ．①K207-53

中国国家版本馆CIP数据核字(2024)第107175号

杖朝拾穗集
ZHANGCHAO SHISUI JI

史金波 I 著

策　　　划 | 郧军涛　周乾隆　贾　莉
项 目 负 责 | 鲁小娜
责 任 编 辑 | 李雯娟　杜艳梅
装 帧 设 计 | 石　璞
出 版 发 行 | 甘肃文化出版社
网　　　址 | http://www.gswenhua.cn
投 稿 邮 箱 | gswenhuapress@163.com
地　　　址 | 兰州市城关区曹家巷1号 | 730030(邮编)

营 销 中 心 | 贾　莉　　王　俊
电　　　话 | 0931-2131306

印　　　刷 | 兰州新华印刷厂
开　　　本 | 880毫米×1230毫米　1/32
字　　　数 | 222千
印　　　张 | 10.25
印　　　数 | 1~3000册
版　　　次 | 2024年6月第1版
印　　　次 | 2024年6月第1次
书　　　号 | ISBN 978-7-5490-2986-0
定　　　价 | 68.00元

学术的传承与人格的养成 (代序)

　　甘肃文化出版社2023年7月出版的"雅学堂丛书"共10本，即方志远《坐井观天》、王子今《天马来：早期丝路交通》、孙继民《邯郸学步辑存》、王学典《当代中国学术走向观察》、荣新江《三升斋三笔》、刘进宝《从陇上到吴越》、卜宪群《悦己集》、李红岩《史学的光与影》、鲁西奇《拾草》、林文勋《东陆琐谈》。由于这套丛书兼具学术性、知识性和可读性，从而得到了学界和社会的认可。2023年7月27日，在济南举办的第31届全国图书博览会上，读者出版传媒股份有限公司举行了"雅学堂丛书"新书首发暨主题分享会。全套丛书入选"2023甘版年度好书"；丛书之一的《当代中国学术走向观察》入选2023年9月《中华读书报》月度好书榜，并被评为"2023年15种学术·新知好书"。《光明日报》《中华读书报》《中国新闻出版广电报》《中国出版传媒商报》《甘肃日报》等，都发表了书评或报道，认为"雅学堂丛书""直面一个时代的历史之思"，被誉为"系统呈现了一代学人的学术精神"，"真实反映了一代学人把个人前途与国家命运紧密联系在一起严谨治学的点滴，诠释了一代学人的使命与担当"。"雅学堂丛书""既是视角新颖的学术史，也是深刻生动的思想史，更是一代学人的心灵史"。"丛书坚持'大家小书'的基本思路，将我国人文社科领域学术大家的学术史、思想史、学术交流史及其最新成果，以学术随笔形式向大众传播，让大众了解学界大家的所思、所想、所悟。"

一

鉴于"雅学堂丛书"出版后的社会影响，以及在学术界引起的关注，出版社希望能够继续编辑出版第二辑。经过仔细考虑和筛选，我们又选了十家，即樊锦诗《敦煌石窟守护杂记》、史金波《杖朝拾穗集》、刘梦溪《东塾近思录》、郑欣淼《故宫缘》、陈锋《珞珈山下》、范金民《史林余纪》、霍巍《考古拾贝》、常建华《史学鸿泥》、赵声良《瀚海杂谈》、李锦绣《半枰小草》。这些作者都是有影响的人物，他们的研究成果分别代表了各自领域学术研究的前沿。

在考虑第二辑作者的人选时，我想既要与第一辑有衔接，又要有不同。在反映一个时代的学术走向时，还要看到学术的传承，乃至人格的养成。

已经出版的"雅学堂丛书"10位作者是以"新三级"学人为主，而"新三级"学人在进入学术场域的20世纪70年代末80年代初，随着"科学的春天"到来，大学及研究生招生和教学逐渐走上正轨，加上学位制度的实施，到处洋溢着积极向上的氛围。我们的老师中既有20世纪初出生的老先生，也有30年代出生的中年教师。

老一代学者，由于从小就受到比较严格的家学熏陶或私塾教育，在民国时期完成了系统的学业，他们都有比较宽广的视野，学术基础扎实，格局比较大，因此在学术方法、理念和格局上，无意中承传了一个良好传统。"新三级"学子与他们相处，可以得到学识、做人、敬业各方面的影响。尤其是跟随他们读书的研究生，直接上承民国学术，站在了巨人的肩膀上。

为了反映学术的传承，我特别邀请了樊锦诗、史金波、刘梦溪、郑欣淼4位80岁左右的学人。他们的研究各具特色，樊锦诗先生的敦煌石窟保护与研究、史金波先生的西夏历史文化研究、刘梦溪先生以学术史和思想史为重点的文史之学、郑欣淼先生的故宫学研究，都代表了各自领域学术研究的前沿。

由于有了第一辑出版后的社会影响，第二辑约稿时，就得到了各位作者的积极响应，很快完成了第二辑的组稿编辑。

二

樊锦诗先生的《敦煌石窟守护杂记》收录了作者有关敦煌文化的价值、敦煌石窟保护研究的历程，敦煌石窟的保护、管理与开放和向前贤学习的文章26篇。作者写道："此生命定，我就是个莫高窟的守护人，故此我把这本书称为《敦煌石窟守护杂记》。希望本书能为后续文化遗产保护、研究、弘扬和管理事业起到一点参考的作用。"

刘梦溪先生的《东塾近思录》，按类型和题意，收入了4组文章：一、经学和中国文化通论；二、魏晋、唐宋、清及五四各时期的一些专题；三、对王国维、陈寅恪、马一浮的个案探讨；四、序跋之属。刘梦溪先生说："'雅学堂丛书'已出各家，著者都是时贤名素，今厕身其间，虽不敢称雅，亦有荣焉。"

郑欣淼先生是"故宫学"的倡导者，他曾任故宫博物院院长，并于2003年首倡"故宫学"。到2023年编辑本书时，恰好是整整20年。郑先生提出："故宫学是以故宫及其历史文化内涵为研究对象，集保护、整理、研究与展示为一体的综合性学问和开拓性学科。故宫学的提出有其丰厚而坚实的基础与依据。它的研究对象不仅丰富深邃，而且研究对象之间存在着不可分割的紧密关系，即故宫是一个文化整体，或者说故宫遗产的价值是完整的。正是基于对故宫是个文化整体的认识，故宫学的学术概念才有了更为丰富、厚重与特殊的内涵。这也是故宫学的要义。"又说："我与故宫有缘。因此我把这本小书起名为《故宫缘》。"

热爱考古的霍巍先生说："就像一个大山里来的孩子初见大海，充满了蔚蓝色的梦想，却始终感觉到她深不可测，难以潜入。更多的时候，只能伫立在海边听涛观海、岸边拾贝。——正因为如此，这本小书我取名为《考古拾贝》，这一方面源自我在早年曾读到过一本很深沉、很有美感的著作，叫作《艺海拾贝》，这或许给了我一个隐寓和暗示。另一方面，倒也十分妥帖——我写下的这些文字，时间跨度前后延续了几十年，就如同我在考古这瀚海边上拾起的一串串海贝一样，虽然说不上贵重，但自认为透过这些海贝，也能折射出几缕大海的色彩与光芒，让人对考古的世界浮想联翩。"

常建华先生说："我从事历史普及读物的写作，出版过《中国古代岁时节日》《中国古代女性婚姻家庭》《清朝大历史》《乾隆事典》等书。本书的首篇文章就是谈论如何认识普及历史知识的问题。我写过一些学术短文，知道此类文字写得深入浅出不易，引人入胜更难，自己不过是不断练笔，熟能生巧而已。""我的短文随笔成集，这是首次……内容多为学术信息类的书评，也有书序、笔谈、综述、时评等，题材不同，但尽量写得雅俗共赏，吸引读者。"

赵声良先生1984年大学毕业后志愿到莫高窟研究敦煌，他说："我在敦煌工作了40年，我的工作、我的生活都与敦煌石窟、敦煌艺术、敦煌学完全联系在一起了，不论是写文章还是聊天，总免不了要说敦煌，可以说'三句话不离敦煌'。"他刚到敦煌时就想写一本有关敦煌山水画史的著作，没想到30多年后的2022年，才在中华书局出版了《敦煌山水画史》。他感叹道：这本书的写作过程，"似乎也见证了：由'看山是山，看水是水'，发展到'看山不是山，看水不是水'，最后，又终于回归到'看山还是山，看水还是水'的历程。我在敦煌的40年的历程又何尝不是这样"。

"雅学堂丛书"第二辑的10位作者，年龄最大的樊锦诗先生，出生于1938年，已经是86岁的高龄；最小的李锦绣先生，出生于1965年，也接近60岁了。虽然他们已经或即将退休，但都以"时不我待"的紧迫感，仍然奋斗在学术前沿，展现了这一代学人的使命与担当。这代学人遭遇了学术上的重大转变，即20世纪80年代，是一个思想的时代。90年代初，思想淡出、学术凸显，王国维、罗振玉和傅斯年派学人、胡适派学人成为学界关注的重点，然后又提出有思想的学术与有学术的思想，还遇到了令史学界阵痛的"史学危机"。这些作者，经历了现代学术发展或转型的重要节点和机遇，既是"科学的春天"到来的学术勃兴、发展、转型和困顿的亲历者、见证者，又是身处学术一线的创造者、建设者。可以说，他们既在经历历史，又在见证历史、创造历史，还在研究历史，将经历者、创造者和研究者集于一身。这种学术现象，本身就值得我们思考和探讨。

三

从"雅学堂丛书"第二辑的内容可知，20世纪80年代初，伴随着"科学的春天"和改革开放的到来，束缚人的一些制度、规章被打破，新的或更加规范的制度、规章还没有建立。尤其是国家将知识分子从"臭老九"中解放出来，成为工人阶级的一部分。要"向科学技术进军"，实现四个现代化，就要充分发挥知识分子的作用。虽然当时经济落后，生活待遇不好，但老教授的社会地位高，有精气神，当时行政的力量还不强化，甚至强调就是服务。在这种背景下，20世纪初出生的老教授，在高校有崇高的地位。如武汉大学1977级的陈锋，1981年初预选的本科论文是《三藩之乱与清初财政》。历史系清史方面最著名的老师是彭雨新教授，陈锋想让彭先生指导论文，"不巧的是，在我之前已有两位同学选定彭先生做指导老师，据说，限于名额，彭先生已不可能再指导他人"。

陈锋经过准备后，就直接到彭先生府上请教。此前他还没有见过彭先生，到了彭先生家，"彭先生虽然很和蔼地接待我，但并没有像后来那样让我进他的书房，而是直接在不大的客厅里落座。我没有说多余的其他话，直接从当时很流行的军用黄色挎包里掏出一摞卡片，说我想写《三藩之乱与清初财政》的毕业论文，这些卡片可以说明什么问题，那些卡片可以说明什么问题，我自己一直讲，彭先生并不插话。待我讲完后，彭先生问：'这个题目和这篇论文是谁指导的？'我说没有人指导，是自己摸索的。彭先生说：'没有人指导，那我来指导你的毕业论文怎么样？'我说：'就是想让先生指导，听说您已经指导了两位同学，不敢直接提出。'彭先生说：'没有关系，就由我来指导。'再没有其他的话"。

"拜访彭先生后的第三天，系里主管学生工作的刘秀庭副书记找我谈话，问我想不想留校，我说没有考虑过，想去北京的《光明日报》或其他报社。刘书记说：'彭先生提出让你留校当他的助手，你认真考虑一下。'经过两天的考虑以及家人的意见，觉得有这么好的老师指导，留校从事历史研究也是不错的选择，于是决定留校工作"。"老师与学生之间这种基于学术的关系，对学生向学的厚爱，让我铭感终身。那时人际关系的单纯，也至今让我感叹，现在说来，似乎有点天方夜谭"。

南京大学1979级的范金民，1983年毕业时报考了洪焕椿先生的研究生。由于此前范金民还没有见过洪先生，也与他无任何联系，所以5月3日下午，是"吕作燮老师带我到达先生家"面试的。洪焕椿先生既未上过一天大学，当时又已是胃癌晚期。"如果按现在只看文凭和出身的做法，是不可能指导研究生的，又重病在身，不可能按现在的要求，在固定的时间和固定的地点上固定的课程。但先生指导研究生，一板一眼，自有一套，考题自出，面试自问，课程亲自指导，决不委诸他人。一年一个研究生，每人一本笔记本，记录相关内容。先生虽不上课，但师生常常见面，虽未定规，但学生大体上两周一次到他家请益，先生释疑解惑，随时解决问题。需查检的内容，下次再去，先生已做好准备，答案在矣。"

笔者也是1979级的甘肃师范大学学生，1983年毕业前夕，敦煌学方兴未艾，西北师范学院（甘肃师范大学1981年恢复原校名西北师范学院）成立了敦煌学研究所，我非常幸运地被留在新成立的敦煌学研究所。1985年我报考了金宝祥先生的研究生，当初试成绩过线后，有一天历史系副主任许孝德老师通知，让我去金先生家面试。由于金先生给我们上过课，平时也曾到先生家问学，先生对我有一定的了解。当我到金先生家时，先生已在一张信纸上写了半页字的评语，让我看看是否可以。我说没有问题，先生就让我将半页纸的复试意见送到研究生科，我就这样被录取为硕士研究生了。这种情况正如陈锋老师所说，在今天根本是不可能的，简直就是天方夜谭。

"雅学堂丛书"的宗旨是学术性、知识性、可读性并具。要求提供可靠的知识，如我们读书时曾听到过学界的传言，即在"批林批孔"时，毛泽东主席说小冯（冯天瑜）总比大冯（冯友兰）强，但不知真伪，更不知道出处。陈锋的书中则有明确的记述："当时盛传毛泽东主席的指示'小冯比老冯写得好'。据后来出版的正式文献，当年毛泽东主席指示原文为：'要批孔。有些人不知孔的情况，可以读冯友兰的《论孔丘》，冯天瑜的《孔丘教育思想批判》，冯天瑜的比冯友兰的好。'""我对当时冯先生在而立之年就写出《孔丘教育思想批判》（人民出版社1975年出版），感到好奇；对毛主席很快看到此书，并作出指示，更感到好奇。"

范金民老师笔下的魏良弢先生，不仅对学术之事非常认真，还活灵活现地展现了20世纪90年代中期的学术生态。"20世纪90年代中期，我们明清史方向有位硕士生论文答辩，我请他主持。临答辩时，他突然把我叫到过道对门的元史研究室，手指论文，大发雷霆道：'你看看，你看看，什么东西，你们明清史是有点名气的，可照这样下去，是要完蛋的！'我一看，原来是硕士学位论文中有几处空缺。当时论文都是交外面的誊印社用老式中文打字机打印，有些冷僻字无法打印，只能手书填补。我曾审读过某名校的博士学位论文，主题词郑鄤之'鄤'，正文中几乎全是空缺，我好像还是给了'良'的等级。答辩时，我结合论文批评了那位学生做事不求尽善尽美而是草率粗放，而且论文新意殊少，价值不大，学生居然感觉委屈，掌在那里不愿出场回答问题。本科生、研究生批评不得，至迟从那个时候就开始了，世风日下，遑论现在!"

这样知识性、可读性兼具的文字在各位作者的论著中比比皆是，自然能得到大家的喜爱。

"雅学堂丛书"的作者都是一时之选，各书所收文章兼具学术性、知识性和可读性，可谓雅俗共赏。希望第二辑的出版不辜负读者的期待。这样的话，可能还有第三辑、第四辑，乃至更多辑。

最后，感谢各位作者的信任，将他们的大著纳入"雅学堂丛书"；感谢具有出版魄力、眼光的郇军涛社长的积极筹划，感谢周乾隆、鲁小娜率领的编辑团队敬业、认真而热情的负责精神，既改正了书中的失误，还以这样精美的版式呈现给读者。

刘进宝

2024 年 4 月 24 日初稿

2024 年 5 月 9 日修改

前　言

　　去年刘进宝教授与我联系，约我为他主持编纂的"雅学堂丛书"出一部文集，内容主要是学术短文、书评、怀念学人的随笔等。我感谢进宝教授的雅意，同时也有些顾虑，因为在2020年刚刚出版了一部类似内容46万字的文集《学海汲求》。其中，第一部分是我对前辈老专家缅怀的文章，包括研究所内业师王静如先生、翁独健先生、牙含章先生、陈述先生、傅懋勣先生、柳陞祺先生，京内有季羡林先生、任继愈先生、冯其庸先生，京外有方国瑜先生、金启孮先生等；第二部分主要是序言、评论；第三部分是杂文、琐谈等；第四部分附录是他人访谈。进宝教授启发我，看近年的随笔文字能否组织一部十几万字的文集。

　　因为前一个论文集《学海汲求》基本上为2019年以前的作品，我便梳理了一下2019年以后发表的文章，5年中发表了58篇论文，其中包括一些随笔性的文字。此外，还有一些讲座以及会议发言、致辞等，尚未发表。我从中拣选了一些学术短文、学术讲座、会议发言、怀念学人的文章，竟然达到了进宝教授的要求，后经裁剪，形成了现在这部文集。

　　我自2019年迈入80岁门槛，至杖朝之年。所幸身体尚可，还能天天在电脑前"爬格子"。但岁月不饶人，身体、精神都在走下坡路。人贵自知，不能再承担繁重的科研任务，只能做些拾零补缺的工作。因此，给这个论文集起的名字叫《杖朝拾穗集》，以习老骥伏枥之志。

本文集收录了一些就当前学术界比较关注的历史上民族交往交流交融、铸牢中华民族共同体意识等方面新的感悟。如第一篇是在全国历史学专家学者座谈会上的发言，就民族史、"绝学"与维护民族团结和国家统一的关系发表了意见。第二篇回顾了中国历史上民族政策演变，探讨了发展趋势。第三篇梳理了新的考古发现，认为大量文物可以展示中华民族历史、各民族之间的密切关系和对中华民族文化的贡献。第四篇是看到我60多年前生活了半年的四川大凉山地区脱贫的报道后，欣喜若狂地写了一篇感想。第五篇是剑桥大学彼得·科尼基教授为我著《西夏文教程》一书的英文版写了书评，我和译者与其商榷西夏对中国的认同问题。总之，多是近年来对当前民族研究一些热点问题的学术感悟，每篇文字多在三五千字，但涉及学术领域较多，如历史学、民族学、社会学、考古学、语言学、古文字学、图像学等。

文集中有的论文带有宏观考量，如关于中华民族融合与国家统一的认识、弘扬中华文明的包容性的论述、西夏文中的中华文明的探讨等。有的则是用微观的具体专业新得求证过去难解的具体问题，如用西夏军籍文书解读《木兰辞》中的"军书十二卷"，用西夏文社会文书证实古代族际通婚深度融合。有的是对一些学科的介绍，如在清代统一的多民族国家与中华民族共同体发展学术研讨会上的发言，归纳了满文文献及其研究情况以及在推动清史研究中的作用；还有为德国海德堡大学汉学系的讲座，介绍中国的语言和汉藏语研究与西夏研究概况。有的则是回顾在某一学术领域学习、研究的经历和体会，如对民族文物的价值与探寻历程的回顾。

此文集也收入了我怀念、介绍专家学人的文章，有的叙事较多，文字较长。我在学术生涯中，密切合作且时间较长的同事是同所的白滨先生。2022年白滨先生因病不幸去世，我写了近两万字的长文《万里同行 调研西夏——怀念白滨先生》，介绍我们的长期合作情况，他的学术事迹、突出成就和重要贡献。刘玉权先生是敦煌研究院的资深专家，1964年我们因参加西夏石窟调查而相识相知，此后还不断有学术交往。1995年，玉权教授说敦煌研究院将出版一些专家的论文集，他的论文集亦在其中，嘱我为其论文集作序。我在序中称赞其对敦煌学，特别是对西夏石窟艺术研究的杰出成就。后因玉权教授目疾等原因，论文集未能及时出版。前些年我们与甘肃文化出版社策划出版"西夏学文库"，其中包括资深专家的论文集，玉权教授的论文集自然入选，于2022年出版。其论文集《西夏石窟艺术研究》仍采用我20多年前的序，这也是再续前缘吧。庄电一先生是《光明日报》驻宁夏的资深记者，他长期对西夏研究的关注、报道，为宣介西夏研究作出了重要贡献。他所著《揭开神秘西夏的面纱》一书出版，邀我做序，我写了《助力揭开神秘西夏面纱的优秀记者——庄电一先生》一文为序，称赞其推动西夏研究的成就。

2023年，河北大学举办纪念漆侠先生诞辰一百周年国际宋史研讨会暨中国宋史研究会第二十届年会，我在开幕式上致辞，特别称赞漆侠先生主编的《辽宋西夏金代通史》理念正确，结构合理，内容丰厚，贡献巨大，希望继承漆侠等老一辈专家们的优秀学风，使大宋史的研究取得更多的创新性成果。

总之，此文集文章皆为近年所作，内容驳杂，并非都是学术论文，但都与学术有关。或为学术心得，有感而发；或为回忆性记述，亲身经历，阐发见闻。自己虽年事已高，但深感学术已成为难以割舍的精神家园，所幸尚能思考写作，希望仍能尽量与时代同频共振，继续践行学术初心，探求文化意蕴，发挥些许余热，甚或在自己熟悉的学术领域，与同道一起切磋，为推动学术略尽绵薄，为中青年学者铺路，呐喊助威，为他们的学术创新做些有益的铺垫工作；或许对理解治学、治事有所助益。

2024 年 2 月 29 日写于北京南十里居寓所

目 录

加强民族史研究 重视"绝学" 维护民族团结和

国家统一 ……………………………………001

略论中国历史上民族政策演变趋势 …………007

考古发现展示中华民族历史丰富内涵 …………017

魂牵梦萦大凉山

——有感于大凉山脱贫 …………………027

与剑桥大学彼得·科尼基教授商榷西夏对中国的认同 …033

对中华民族的认同自古有之 …………………044

古代民族文字儒学典籍彰显文化认同 …………048

族际通婚：出土西夏文文献证实民族间的深度融合 ……054

加深对中华民族融合与国家统一的认识 …………066

弘扬中华文明的包容性，促进各民族交往交流交融 ……072

西夏文中的中华文明 ……………………………078

重视满文文献 推动清史研究 …………………087

新时代推进民族古籍整理研究工作的思考 …………101

民族文物的价值与探寻历程 …………………115

中国民族图像文物的重要历史价值和特点 …………133

中国的语言和汉藏语研究 …………………150

中国人民大学国学院的中华民族大国学特色 ·············167

继承学会的良好会风，不断取得创新成果 ·············170

不忘初心使命 锻造国家和人民需要的史学创新成果 ···173

关注西夏陵和西夏博物馆 ·············177

流失海外百年的珍贵古籍再生性回归

　　——西夏文泥金写《妙法莲华经》出版 ·············180

刊布海外西夏文献 推动西夏学研究 ·············192

《木兰辞》中"军书十二卷"新解

　　——西夏军籍文书的启发 ·············202

古典学视域下的西夏学 ·············209

西夏文物整理研究的新进展 ·············214

罗雪樵先生藏西夏文《大方广佛华严经》亲历记 ·······223

助力揭开神秘西夏面纱的优秀记者

　　——庄电一先生 ·············233

万里同行 调研西夏

　　——怀念白滨先生 ·············242

刘玉权《西夏石窟艺术研究》序 ·············277

我和中华书局的半世纪出版情缘 ·············286

漆侠先生对辽宋夏金史研究的巨大贡献 ·············304

后记 ·············307

加强民族史研究　重视"绝学"
维护民族团结和国家统一

从民族的角度研究中国历史，对增加和完善历史知识，借鉴历史经验，加强民族团结，促进各民族交往交流交融，维护国家统一，具有十分重要的学术和现实意义。

中华人民共和国成立后，特别是改革开放40年来，史学研究繁荣发展，其中民族史研究的成就令人瞩目，是中国历史研究的亮点之一。在马克思主义历史唯物主义理论和各民族一律平等民族政策指导下，从20世纪50年代开展了大规模民族社会历史调查，在此基础上编纂"民族问题五种丛书"（其中包括《中国少数民族简史丛书》），并逐步建立起中国民族史专业及研究和教学机构。1961年根据国务院指示，国家民族事务委员会设立民族历史研究工作指导委员会，多次组织专家座谈会，根据当时的需要就历史上诸多重要民族问题进行深入研讨。全国各地陆续对有关中国民族史的资料进行整理，新的研究成果不断推出，包括各民族专史、地方民族史、民族关系史、全国性民族史，以及民族政治、经济、文化、法制、宗教等专门史的大量著述，在丰富历史知识、提高民族素质，维护民族团结、弘扬爱国主义，借鉴历史经验、参酌制定政策等方面，发挥了重要作用。

中国社会科学院民族研究所设有民族历史研究室，多年来不断有代表性的研究成果问世，如组织并参与编写多种少数民族简史，出版《中国民族关系史纲要》（翁独健主编）、8卷本"中国历代民族史丛书"（田继洲、白翠琴、罗贤佑等著）、《中国少数民族历史大辞典》（高文德主编）等。近年又出版了《中国少数民族革命史》（方素梅、蔡志纯等编著）、《先秦两汉时期民族观念与国家认同研究》（彭丰文著）、《中国民族史学史纲要》（史金波、关志国著）等，引领、推动了民族史的深入研究。同时还积极承担国家重要辞书《辞海》民族史分科的主编任务，后来又承担了《大辞海》民族史部分的编撰任务，还完成了国家重点文化工程《中华大典·民俗典·地域民俗分典》（史金波主编）的编纂工作。参与这些重要辞书和重点文化工程，为民族历史的普及和资料的汇集作出了应有贡献。

民族研究所的史学工作者，积极响应国家号召，对时代要求的重点、热点问题组织力量进行深入研究。如西藏民主改革后，特别是西藏人权问题受到关注后，及时出版了《达赖喇嘛传》和《班禅额尔德尼传》（牙含章编著）、《西藏佛教发展史略》（王森著），以及《西藏地方与中央政府关系史》（黄玉生、车明怀、祝启源等编著）、《西藏近三百年政治史》（伍昆明著）等重要著作。这些凝聚着史学工作者心血的著述，为国内外提供了了解西藏历史的平台。民族所还组织西藏人权研究课题组，查阅大量国内外资料，深入西藏做实地考察，编写出国内第一部专门研究西藏人权的著作《西藏人权研究》（史金波、姚兆麟、李坚尚等著）；又将西藏解放后50多年来发布的有关西藏人权立法文件搜集编纂，出版《西藏人权研究参考文献选编》。两书以大量实际调查资料和客观分析，揭露出在西藏农奴制度下人权遭到践踏的悲惨情景，反映了中国致力改善西藏人权的决心和有力措施，对研究和宣传西藏人权的进步作出了积极贡献。

1983年成立了中国民族史学会，由民族研究所代管，30多年召开了20次学术研讨会，就历史上的民族关系、民族政策、近现代民族史、国家认同、中华民族多元一体等问题展开学术交流，总结历史经验，探讨历史发展规律，提高对历史上民族问题的认识。比如历史上少数民族的羁縻制度、土司制度的前提都是国家认同。又如即便在历史上各民族政权分立时期，各王朝都自认为是中国的一部分。辽宋夏金时期4个不同民族为主体的王朝都认为是中国的继承者，都承续中国特有的以五行顺序相生的德运。历史经验证明，只有加强各民族之间的交往交流交融，维护好民族团结，保障国家统一，才能有中华民族的共同繁荣发展。

少数民族文献和文物是中国优秀传统文化的重要、有特色的组成部分，既是中国各民族的历史文化载体，也充分反映出各民族之间密不可分的血肉联系。

习近平总书记在哲学社会科学工作座谈会上指出："要重视发展具有重要文化价值和传承意义的'绝学'、冷门学科。"中国社会科学院学科比较齐全，其中包括多种"绝学"

学科。近十多年来，中国社会科学院两次启动特殊学科建设，有力地推动了相关学科的传承和发展。民族研究所有多种有关民族的特殊学科，如西夏文、契丹文、女真文、古藏文、东巴文等。

民族研究所在20世纪80—90年代对西夏文及其文献扎实研究的基础上，1993年又在院领导和科研局、外事局的关怀下，与俄罗斯相关部门合作，将100多年前俄国探险队盗掘走的大量西夏文献整理、出版，现已出版《俄藏黑水城文献》28册，实现了流失国外文献大规模再生性回归，为开创西夏研究的新局面奠定了丰厚的资料基础。

我们在出土的西夏文文献中，发现了一批西夏活字印刷实物，结合在敦煌莫高窟出土的回鹘文木活字进行深入研究，出版了《中国活字印刷术的发明和早期传播》（史金波、雅森·吾守尔著），证实在北宋毕昇发明活字印刷术以后，西夏和回鹘地区继承、使用、发展活字印刷，以实物补充了中国早期活字印刷的空白，中国各民族衣钵相传，为世界文明作出了重要贡献。

2011年"西夏文献文物研究"项目被批准为国家社科基金特别委托项目，中国社会科学院西夏文化研究中心承担研究任务，史金波为首席专家，与宁夏大学西夏学研究院等单位合作，整合全国相关学术力量和资源集体攻关。8年来已有一大批阶段性成果问世，在诸多领域有重要建树和突破。此项目先后出版14种研究专著及大型文物图集《西夏文物》3编22册。又突破西夏文草书译释大关，翻译、研究了大量西夏文经济、军事文书，出版了《西夏社会》和《西夏经济文书研究》。这些著述在一定程度上复原了神秘西夏的历史，是使古文献、文物"活起来"的一项成功实践。近年又组织出版"西夏学文库"，被批准为"十三五"国家重点图书出版规划项目和"国家出版基金项目"，首批推出西夏学著作20种。去年还将八国联军入侵北京时被法国人掠走的国宝级西夏文文献在国内出版。现已有多种著作获国家级或省部级奖项，有5部西夏研究优秀著作被列入"国家哲学社会科学成果文库"出版，有两种被批准为国家和社科院的外译项目。我们举办了3期西夏文研修班，培养了不少人才，出版了西夏文教材《西夏文教程》。在众多西夏学专家的持续努力下，西夏研究呈现统一布局、专家合力、发展态势良好的局面，从"冷门"逐渐变为"热点"，为国家优秀文化遗产的传承和发展作出了贡献，增强了学术自信，具有中国特色、中国气派、中国话语权的西夏学科建设取得了重大进展。

民族研究所的其他古文字研究也取得了很大进展。如契丹文研究也成就显著，在20世纪80年代出版了《契丹小字研究》（清格尔泰、刘凤翥等著），近期又出版了《契丹文字研究类编》（刘凤翥编著）等。

目前，民族史研究和"绝学"研究，都在一定程度上存在着理论研究欠缺、宏观研究薄弱、对现实问题关注不够的问题。在学科建设上则有研究和教学人员萎缩、后继乏人的现象。

最近，习近平总书记致中国社会科学院中国历史研究院成立的贺信，大大激发了史学研究工作者的积极性。历史研究工作者应乘中国历史研究院成立的东风，为加强民族史研究和教学队伍建设，为构建民族历史学学科体系、学术体系、话语体系作出不懈努力。在新时代为维护民族团结和国家统一，为中华民族的伟大复兴作出新贡献。

（2019年3月12日作者在全国历史学专家学者学习贯彻习近平总书记贺信精神座谈会上的发言，原载于《民族研究》2019年第2期）

略论中国历史上民族政策演变趋势

编者按：

　　"一部中国史，就是一部各民族交融汇聚成多元一体中华民族的历史。"中国是一个统一的多民族国家，自古以来重视对少数民族地区的治理。从中国历史上对少数民族地区所实行政策的发展变化，可以梳理出一些规律性的认识，显示出对少数民族地区治理政策的演变趋势。诸如：随着各民族的交往深入，中央王朝管辖范围逐步扩大，少数民族地区与中央王朝的关系越来越紧密；随着社会的进步和发展，中原王朝对民族地区管理越来越直接、具体、细密；随着各民族交往交流交融的增强，各民族在传承、保留一定民族特点的同时，共性越来越多，等等。历史经验证明，各民族只有互相交流、互相吸收、互相依存才能促进各民族的共同进步和发展。中国古代民族政策蕴含着历史发展的轨迹和前人的智慧，提炼借鉴其中带有规律性、趋向性的认识，可以为今天处理民族问题和制定民族政策，不断铸牢中华民族共同体意识，共同实现中华民族伟大复兴的中国梦提供历史启迪。

　　习近平总书记在全国民族团结进步表彰大会上的讲话中

强调："一部中国史，就是一部各民族交融汇聚成多元一体中华民族的历史。"这一重要论断揭示出中华民族历史发展的本质特征。他在论述各民族共同开拓辽阔的疆域时，还特别提到中国历史上对民族地区的治理："秦代设置南海郡、桂林郡管理岭南地区，汉代设立西域都护府统辖新疆，唐代创设了800多个羁縻州府经略边疆，元代设宣政院管理西藏，明代清代在西南地区改土归流，历朝历代的各族人民都对今日中国疆域的形成作出了重要贡献。"

中国是一个统一的多民族国家，自古以来重视对少数民族地区的治理，至唐朝实行羁縻制度，在边疆少数民族地区设置带有自治性质的地方行政机构羁縻州府，通过羁縻制度维系中央集权制度的统治，加强中央与民族地区的关系。宋辽夏金时期，几个不同民族建立的王朝鼎足而立，但他们都认同中原文化，并对所辖少数民族地区实行羁縻制度。宋元时期，对民族地区的政策也逐渐发生变化，形成了土司制度，这是一种治理少数民族地区的自治政策。元明时期，广置土司，对少数民族地区进行绥抚管理。明清之际，中央政府加强了对土司的控制，并逐渐实行改土归流政策，加强了对少数民族地区的治理。

从中国历史上对少数民族地区所实行政策的发展变化，可以梳理出一些规律性的认识，显示出对少数民族地区治理政策的演变趋势。

随着各民族的交往日益深入，中央王朝管辖范围逐步扩大，少数民族地区与中央王朝的关系越来越紧密

作为一个统一的多民族国家，汉族居住的中原地区自然条件较好，人口众多，经济发达，文化先进。随着各民族长期、深入的交往，中原文化影响越来越大，以汉族为主体民族建立的中原王朝统治范围越来越宽广。

中国疆域的东部、东南部平原较多，抵临大海，西部、北部多高山、草原。商周王朝所辖范围基本在黄河中下游及淮河一带。秦朝除中原地区外，西部在今兰州、成都以西一带，北部大体以长城为界，在南部少数民族地区设置了南海郡、桂林郡。汉朝管辖地区通过河西走廊大大向西拓展，直达西域，在那里设置西域都护府，统辖管理今新疆一带。

唐朝版图进一步扩大，北至贝加尔湖一带。当时设立羁縻州府，见于记载的有856个，主要统辖单于、安北、安西、北庭、安东、安南六大都护府，其中安西、北庭都护府管辖西域各羁縻州府；安北、单于都护府管辖北疆的各羁縻州府；安东都护府管辖东北边疆的羁縻州府；安南都护府则辖有南疆各羁縻州府。有的羁縻州府离唐朝统治中心长安（今陕西西安）并不遥远。

宋辽夏金时期，宋朝是以汉族为主体民族的王朝，辽、西夏、金都是以少数民族为主体民族的王朝，各王朝内也都是多民族共处。当时在中国还有西南部的吐蕃，南部的

大理，西部的回鹘等政权。宋朝是这一时期中国的核心，而辽、夏、金也都以正统自居，并实行中原地区早已成熟的政治制度和文化制度，对其属国、属地的少数民族实行羁縻政策。

元朝正式将西藏纳入版图，领土再次扩大。此时期在少数民族地区广泛设置土官，实行土司制度。土司制度兴盛于明代，其范围包括中国的西南、西北和湖广等地的少数民族地区。土司"袭替必奉朝命，虽在万里外，皆赴阙受职"。但原来实行羁縻政策的关中地区、陕西南部、河南北部等地区，已成为以汉族为主的地区，纳入正常的路、州建制，不再属于土司制度范围。

明朝为加强中央政府管理，在部分实行土司制度的少数民族地区推行改土归流政策，把少数民族土司管理的方式改为政府官员管理方式。清朝奠定了中国版图的基础，随着统一多民族国家的巩固和发展，以及中央王朝统治势力逐步深入，朝廷对土司辖区大力实行改土归流政策，将湖南、湖北、四川、贵州、云南、广西等地的土司管辖地区归政中央。自清代实行改土归流政策后，虽仍保留了部分土司管辖地区，但由少数民族治理的土司地区大大缩小。

纵观中国历史，特别是在统一王朝时期，可以明显地看到中央王朝直接管辖范围逐步扩大，少数民族地区与中央王朝的关系越来越紧密。这是各民族历史发展的必然趋势。

随着社会的进步和发展，中原王朝对民族地区管理越来越直接、具体、细密

唐朝实行羁縻政策，由当地少数民族首领充任刺史或都督，并允许世袭其职。羁縻地区还有财政上的自主权，但必须接受唐朝在地方设置的最高行政机构都护府的监领，体现了唐朝对少数民族采取笼络政策和松散管理的方针。羁縻州府户籍一般不上报户部，多数也不承担赋税，仅部分羁縻州府临时向唐朝中央政府有所贡献。宋代在西南部分地区设置了羁縻州、县、峒，也是一种松散的统治制度。

后来实行的土司制度与羁縻州府政策有了较多的区别，由原来松散的统治变为趋于严格的控制。在承袭、纳贡、征调等政策方面，对土司均有具体规定。北宋时期，一些土司所辖区域开始缴纳赋税。交纳的方式为不丈量土地，不编丁口，纳赋税定额为归附时自报认纳之数。明代更加重视对民族地区赋税的征收，作为增加经济收入的一种手段，也是土司接受中央王朝统治的一个重要标志。清朝参照明代赋税额度定数，并有所增加。

原来实行羁縻政策地区的少数民族军队只有戍守当地的职责，但随着土司制度的完备和与中央王朝关系越来越密切，在明代土司管辖下的土兵成为朝廷的重要兵源之一。明代的土司还分武职和文职，武职归都指挥使管辖，统隶于兵部武选司；文职归布政司管辖，统隶于吏部验封司。清代对土司的承袭和考核更为严密和完备，并采取一些措施分割或

缩小土司辖区及限制土官权力，防止其势力尾大不掉。

在土司制度下，土司仍是世袭其土，世有其民，对辖区土民进行统治，有的不断扩充势力，相互仇杀，甚至与中央王朝分庭抗礼。于是中央王朝利用招抚与镇压的方法，逐步实行改土归流政策，改过去的间接统治为直接统治。政府采取具体措施，收缴土司的印敕，设府、厅、州、县，委派有任期的流官进行统治管理，逐步推行与内地一致的制度，如戍兵、编查户口、立保甲、丈量土地、征收赋税及组织乡勇等。这反映了当时民族地区的社会发展趋向，顺应了各族人民经济、文化交往的大势，加强了边远地区和内地的联系，强化了中央对边远地区的管理。

中国历史上各王朝对民族地区的行政管理机构有不同的命名，但是总的来看有一个共同的特点，那就是以地域或地方政权名称命名。羁縻制度下的各民族地区皆以地域称名，如唐代对突厥颉利可汗旧部设立定襄、云中两个都督府，对突厥葛逻禄三个部落设立阴山、大漠、玄池都督府，对奚族地区设饶乐都督府，对靺鞨族地区设黑水都督府等。在土司制度下，各民族地区也多以地域命名，如在西藏有乌思藏纳里速古鲁孙等三路宣慰使司，在贵州水西彝族地区设贵州省宣慰使司等。这是因为各民族地区多为民族杂居，以地域命名更为贴切。

不难看出，随着社会的进步和发展，中原王朝对民族地区管理，形式越来越直接，方法越来越具体，措施越来越细密。

随着各民族交往交流交融的增强，各民族在传承、保留一定民族特点的同时，共性越来越多

中华各民族之间越来越密切的来往，是各民族发展的需要，是历史发展的必然。这是一个自然的过程，也是一个长期动态发展的过程。

在中国历史发展中，一些民族，特别是一些影响比较大的民族先后融合到其他民族中，主要是融入经济、文化发展水平较高的汉族中，如秦汉时期的匈奴，东汉至南北朝时期的鲜卑、柔然，隋唐时期的突厥，宋代的契丹、党项和女真等。此外，各民族在密切交往、交流中，族际通婚成为常态。不仅汉族吸收、融入了很多少数民族的成分，各少数民族中也往往有汉族和周围其他民族的成分。各民族之间的杂居地带呈不断扩大趋势。从血缘上看，各民族之间相互交融，形成你中有我、我中有你的态势。

在政治上，各少数民族逐步纳入中央王朝的政治体制，不同形式、不同层次地实行中央政府的官制。中央和民族区域地方的政治关系由松散趋于紧密，由间接趋于直接。在王朝分立的辽宋夏金时期，各王朝都以"德运"之说认同中国的帝统，以维护自己的统治。中国无论在统一时期，还是政权分立时期，都是各民族共聚于一个国家之中。

在中国历史上，各民族志士仁人为维护祖国统一和领土完整谱写了可歌可泣的爱国主义篇章。特别是近代，各民族爱国主义精神日益增强，共同抵御外国侵略，其中有鸦片战

争，有反对沙俄侵占东北国土的斗争，有在新疆反抗阿古柏侵略和分裂的斗争，有西藏江孜军民的抗英斗争等。特别是20世纪30—40年代各族人民共同反抗日本侵略者的斗争，表现了从北方到南方各族人民的大团结，显示出各族人民维护祖国领土完整和民族尊严的坚强决心，涌现出大批为国家、为民族献身的各民族爱国志士。

在经济上，中原王朝以黄河、长江流域为主的农耕经济逐步发展，周边的少数民族开拓边疆，发展了游牧和山地经济，作出了重要贡献。少数民族的骑射技术影响到中原地区，战国时期的"胡服骑射"就是从北方少数民族引进到赵国，并逐渐推广开来。一些少数民族由原来单纯从事畜牧业，逐步转变为经营农业。中原王朝也往往通过边疆屯田戍守，使当地加强了农业生产。很多少数民族把当地盛产的农作物品种和种植方法传播到全国各地，如高粱、玉米、花生、芝麻、蚕豆、棉花、麻、葱、蒜、黄瓜、胡萝卜、胡椒、苜蓿、葡萄、石榴等作物皆传自少数民族地区。中原地区科技发展，手工业兴盛，建筑、印刷术、瓷器等为少数民族学习、接受。各民族之间通过朝贡、设置榷场，互通有无。中原地区的农产品、丝绸、茶叶、手工业品不断输入少数民族地区，而少数民族地区的畜牧产品、特有的工艺品不断输入中原地区。中国各民族以自己的勤劳和智慧，互学互补，已经成为不可分割的整体。

在文化上，各民族之间相互影响更为明显。中原地区先进的文化为少数民族地区广为接受，其中以儒学对各民族影响最大。儒学作为中国传统主流文化，在中国思想、政治、文化、社会各方面发挥着主导作用，不仅是中原各王朝统治的思想文化基础，也深刻地影响着少数民族，各民族都不同程度地接受儒学的影响。很多少数民族人士参加中央王朝的科举考试，一些少数民族为主体建立的王朝也实行科举。少数民族在更大的范围内传播中原地区的先进文化和科学技术。少数民族文化也具有很高的成就，不断为中华民族文化注入新的血液，如在医学、印刷术、天文、历法、建筑等领域作出了卓越贡献，显示出民族特色。很多少数民族除使用自己的语言外，还使用汉语，形成大量的双语现象。有的少数民族直接使用汉语、汉文，作为自己的语言文字。历史上一些少数民族陆续创制了30多种文字，记录了大量文献资料，成为我国文化宝藏中的重要组成部分。有的民族在创造记录本民族语言的文字时，借用了汉字笔画和构字方法，形成了以汉字为典范的表意文字体系。中国的历史文献中有很多汉文和民族文字合璧的文献，还有包括多种文字的文献。西夏时期出版了世界上最早的两个民族互相学习对方语言、文字的双语、双解字典《番汉合时掌中珠》。

　　中国本土宗教道教和后来传入的佛教对汉族及不少少数民族影响很大。宋元时期传入的伊斯兰教被一些少数民族接受，少数民族的宗教信仰对全国宗教的发展演变起了重要作用。外来宗教传入中国后逐渐本土化，也不同程度地世俗化。全国包括节日在内的各种风俗，很多是多民族共有的。除中华人民共和国成立以后中华民族共有的国庆节、劳动节、妇女节、儿童节等以外，传统的春节、中秋节、端午节等也成为各族人民共享的节日。各民族关系越来越密切，共性越来越多。在社会快速发展中，各民族原有的生产、生活方式有了很大改变，学习、接受了更为先进的、各民族共有的方式，一些不符合社会发展、有碍民族进步的习俗不断被淘汰。

历史上，中国古代的民族（或部族）很多，先后不啻数百个之多。随着社会的发展、进步和各民族越来越密切的交流，民族的数量总的趋势是减少。不仅北方的匈奴、东胡、鲜卑、柔然、突厥、羯、氐、渤海、契丹、党项、女真等都已消失或融合，南方的一些民族也有不少消失或合并。就全世界而言，各国、各民族交往越来越密切，共性的增加，民族数量的减少，也是历史发展的客观事实。

总之，中国古代民族政策反映了中华民族具有多种类型、多种层次、多种关系、多种发展途径的特点，它本身贮藏着历史发展的轨迹和前人的智慧。历史经验证明，各民族只有互相交流、互相吸收、互相依存才能促进各民族的共同进步和发展。纵观中国历史，提炼其中带有规律性、趋向性的认识，借鉴历史经验，可以为当前处理民族问题和制定民族政策提供历史启迪。在新时代我国各民族应该顺应历史发展大势，加强、深化交流与融合，提倡、促进各民族间经济、文化互动合作，不断铸牢中华民族共同体意识，促进各民族共同发展，共同实现中华民族伟大复兴的中国梦。

（原载《光明日报》2020年6月22日）

考古发现展示中华民族历史丰富内涵

中国是一个悠久的文明古国，有十分丰厚的历史文化遗产资源。中国的考古学取得了巨大成就，特别是近些年来不断有重大考古发现，有重要研究成果问世。

习近平总书记最近关于努力建设中国特色、中国风格、中国气派的考古学的重要讲话，深刻阐明了考古学的重要文化和政治意义，对考古工作提出了明确的要求，这对考古学乃至整个历史学都具有重要指导意义。

一、书写中华民族发展史

中国是一个统一的多民族国家。自古以来，中国各族人民共同开拓广阔疆域，书写文明历史，创造灿烂文化，培育民族精神。无论在全国是一个王朝时期，还是多王朝分立时期，各王朝都自认为是中国或中国的一个组成部分，都为中华民族发展作出了历史性贡献。以10—13世纪宋、辽、夏、金时期为例，当时从隋唐的大一统时代，经过五代，进入了多王朝并立时代。考古资料和传统历史文献证实，四个王朝都争用"中国"名义，自称"中国"，均以中国传统的"德运"之说维护自己的正统体制。宋、辽、金三朝都有关于本朝继承德运的记载，但却缺乏西夏有关德运的资料。黑水城出土的西夏文文献《圣立义海》记载西夏"国属金"，对传世文献做了重要补充，证实西夏也遵循中国王朝"德运"的传统。这反映出中国在这一特殊时期，各王朝虽主体民族不同，但都认同中国的王朝体系，视本朝为其支脉，各民族都表现出对中国政治体制的深层次认同，对中国和中华民族文化的高度认同。

这一时期，中国传统文化影响不断加大，共同的历史基因逐步增强。各王朝出于巩固王朝统治的需要，对博大精深的中国传统文化多方面学习、继承。出土文物和文献表明，各王朝都承袭中国传统，设置年号、尊号；尊崇儒学，实行科举；继承中华法系，仿效中原官制；借鉴汉字创制契丹文、西夏文、女真文，翻译中原典籍；承袭修史传统，编撰实录；发展文学艺术，因袭中原风俗习惯；学习中原科学技术，繁荣手工业技艺。当时各王朝在继承中华优秀传统文化的基础上，各自又对中华文明有新的发展和弘扬，加强了民族间的大交流、大融合，对中华民族文化的繁荣作出新的贡献。

二、反映各民族密切关系

考古发现有助于对中华民族多元一体格局的理解，如近代在新疆发现了一种特殊的钱币。2世纪时，由于民族之间商贸交换的需要，当地铸造了一种钱币，一面用汉文篆字标明币值，另一面的周围一圈是佉卢字母、正中为一马或骆驼的图案，后被称为"和田马钱"。佉卢文为当地国王的名字，因铸造时代不同而有所不同。这种双语钱币反映出中国中原王朝在这一带影响深广，以及当时汉族和少数民族在经济、文化上的密切关系。

汉文—佉卢文合璧钱

在新疆还发现不少于阗语文献资料，这些文献对于阗历史、语言文化以及于阗与敦煌的交往和民族关系的研究意义重大。特别是其中的《汉语—于阗语词汇》《突厥语—于阗语词汇》，表明当时"丝绸之路"上中原王朝对当地的重要影响，也反映出各民族使用双语、文化密切交流的实际情况。

矗立在西藏拉萨市大昭寺前面的唐蕃会盟碑，有1000多年的历史，上刻汉、藏两体对照文字，盟辞反映了汉藏两族"欢好之念永未断绝""立碑以更续新好"的誓愿。会盟以后，两族人民的友好往来与经济文化交流更为频繁密切，为13世纪西藏正式划入祖国版图打下了基础。此碑体现了汉藏

汉文—藏文合璧唐蕃会盟碑

两个民族友好关系的进一步加强，反映出中国各民族之间友好密切的往来符合各族人民的愿望，顺应了历史的潮流。

西夏故地还出土了一部西夏文与汉文词语集《番汉合时掌中珠》，它是当时党项人和汉人互相学习对方语言、文字的辞书，为两民族之间架起了一座互通文化的桥梁。此书是中国最早的双语双解四项词典，反映出古代各民族之间互相学习对方语言文字、加强密切联系的热忱和有效举措。

在河西走廊有三通与西夏有关的碑刻，一是西夏崇宗时期甘肃武威的《凉州重修护国寺感通塔碑》，一面汉文，另一面西夏文，内容记佛塔感应故事；二是西夏仁宗时期张掖的《黑水建桥碑》，一面汉文，另一面藏文，内容为黑水河患祭祀诸神；三是元朝末期在酒泉的《大元肃州路也可达鲁花赤世袭之碑》，一面汉文，另一面回鹘文，内容记西夏后裔自西夏灭亡至元末一直任当地的最高军政长官事。这三通记载历史事件的碑文，都是一面使用汉文，另一面使用一种

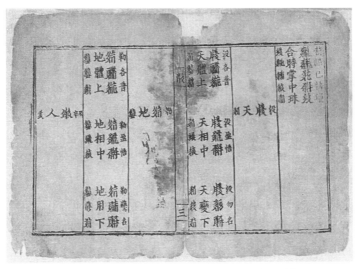

西夏文—汉文对照词语集《番汉合时掌中珠》

少数民族文字，突出地反映出各民族在历史上的紧密联系，更体现出汉族作为中华民族的主体文化地位。

三、揭示中华民族重要贡献

各民族共同创造和发展了丰富多彩的中华民族文化，并对世界文明作出了突出贡献。中国的传统文化内涵辐射到中国周边一些国家，这些国家借鉴中国的儒学思想体系，实行科举，效法中华法系制定法典，接受中国的传统礼仪等。至今，中国和周边一些国家还保存着中国对有关国家良好影响的文物遗存，证明中国向世界贡献了深刻的思想体系和相关制度。

考古发现证明，中华文明还远播海外。历史文献明确记载，北宋庆历年间，毕昇发明了活字印刷，然而遗憾的是尚未发现宋代的活字印刷实物。但考古资料证明，当时活字印刷术很快传播到西夏。多种出土的西夏文献证实西夏学习、推行泥活字印刷，并成功实现了木活字印刷。宁夏贺兰山西夏方塔出土的西夏文活字本《吉祥遍至口合本续》和甘肃武威出土的《维摩诘所说经》等，是中国最早的活字印刷实物。在敦煌莫高窟又发现了很多早期回鹘文木活字。大量的印刷实物成为中国发明活字印刷有力的实物证据，展示出汉族和少数民族在活字印刷领域，衣钵相传，争奇斗艳，对活字印刷术的发明和发展共同作出了重要贡献。西夏和回鹘相继使用活字印刷，从使用时间上填充了印刷术西传中两个世纪的过渡时期，从地域上由中原地区向西推进了2000多公里，这为此后中国活字印刷术向西方传播打下了基础。此后，中国的活字印刷术通过丝绸之路向东西方传播，推动了世界文明的发展。

四、让历史文物活起来

文物承载文明与文化，维系着民族精神与时代价值。让文物活起来可以增进中华民族的文化认同，坚定文化自信，凝聚共同发展力量。

过去因有关西夏的文献稀少，人们对西夏的认识模糊朦胧，西夏往往被称为"神秘的西夏"。20世纪初，在中国黑水城遗址发现了大量考古资料，但不幸被国外探险队席卷而去。改革开放以来，中国加大了搜集、整理流失海外文物的力度，中国社会科学院民族研究所与存藏大量黑水城出土文献的俄罗斯有关部门合作，全面整理、出版存于俄罗斯圣彼得堡的黑水城出土文献，陆续出版了大型文献丛书《俄藏黑水城文献》，使流失文物实现再生性回归，为西夏学提供了大量新的重要资料。近些年西夏研究的重要成就和主要突破点，多以这批黑水城出土的文献为基础资料，融通相关学科，逐步揭开了西夏神秘的面纱，这是让"书写在古籍里的文字都活起来"的典型成功例证。

已出版的部分《俄藏黑水城文献》

近些年来在中国社会科学院和国家文物局的指导和支持下，由中国社会科学院西夏文化研究中心、宁夏大学西夏学研究院、甘肃省古籍文献整理编译中心联合宁夏、甘肃、内蒙古文博部门和敦煌研究院等30多家单位，在国家社科基金特别委托项目"西夏文献文物研究"下设置重大课题，全面普查、认真整理、研究藏于国内的西夏考古资料，集中力量攻关，编辑《西夏文物》5编35册（已出版3编22册），将收藏在博物馆里的文物、陈列在广阔大地上的遗产刊布出来，其中包括很多新的文物资料。填补了不少历史认识上的空白，为丰富西夏的历史内涵、完善中国历史的链条、活化中国多民族历史场景作出了新的贡献。

已出版的《西夏文物》

坐落在宁夏回族自治区银川市贺兰山下的西夏陵，分布着9座帝陵、270余座陪葬墓，规模宏伟。过去这里一片荒凉，人们不明其就里。自20世纪70年代，宁夏考古部门在国家文物局的批准和指导下，加强了文物考古和保护工作。西夏陵吸收唐宋陵之长，并具有自身的建筑特点，形成中国陵园建筑中既有中国传承又别具一格的形式。西夏陵陆续出土了很多重要文物，文物工作者出版了一批研究成果，如《西夏陵》《西夏三号陵》《西夏六号陵》《西夏陵突出普遍价值研究》等，填补了不少西夏历史的空白。1988年西夏陵被列为全国重点文物保护单位，2006年被列入中国国家自然与文化双遗产预备名录，2011年启动西夏陵国家考古遗址公园和世界文化遗产申报工作，2012年西夏陵被国家文物局列入中国世界文化遗产预备名单，2017年12月2日西夏陵被列入第三批国家考古遗址公园。西夏陵的考古工作使过去鲜为人知的西夏王朝逐渐受到国内外的青睐。

西夏陵三号陵

中国丰富多彩的文物，越来越多的考古成就，不仅增加了很多历史知识，也增强了中华民族的自信。为弘扬中华优秀传统文化，近年我在出国访问时以《中国繁荣和发展传统文化事业的新成就》为题，向国外介绍中国文物考古事业的发展成就，主要包括：1.文物普查和保护工作的新进展；2.古籍保护工作的新成就；3.申报世界文化遗产的新收获；4.非物质文化遗产的新传承。中国考古事业的发展，丰富了全社会历史文化滋养，为弘扬中华优秀传统文化、促进国际文化交流提供了坚强支撑。

总之，考古学有利于认识源远流长、博大精深的中华文明，有利于维护祖国统一和加强民族团结。今后，应更加重视和加强考古工作，为弘扬中华优秀传统文化提供坚强支撑。

（原载《中国社会科学报》2020年11月16日）

魂牵梦萦大凉山

——有感于大凉山脱贫

四川大凉山，总是牵动着我的心弦，那是我的第二故乡。除我的家乡外，大凉山的村寨是我居住最久的地方。近年来，有关大凉山脱贫的报道屡见报端。每次看到这样的消息，我总是喜不自禁！

1958年，我被中央民族学院语文系录取，被分配到彝语班学习凉山彝语。学校和老师教导我们，学习彝语是为了掌握为彝族人民服务的本领，因此我们学习非常卖力，课上课下经常读得嗓音沙哑。1961年，我们班到四川省凉山彝族自治州的喜德县去实习，那里是凉山彝语的标准音点。大凉山重峦叠嶂，是彝族聚居区，1957年以前还处于奴隶制社会阶段。民主改革后，彝族人民翻身做主人，但当地生产力水平依然低下。当地的区、乡、村寨之间没有公路，只有崎岖难行、上下攀爬的山间小路。凉山地区气温偏低，农民以洋芋（土豆）为主食，每日两餐，皆为煮洋芋蘸辣椒盐汤，连苞谷（玉米）都属细粮。当地住房多是土打墙房屋，房顶铺设劈开的薄木板，上压石块以固定。房中靠右边是火塘，火塘

1961年笔者在大凉山实习调查

中用三块石头支锅做饭，火塘旁是主人睡觉的地方。老乡多无被褥，和衣而眠。房中靠左边关养牲畜，用木棍栅栏使人、畜隔开，实际上人、畜仍同处一室。牲畜之上用木棍搭一平台，称之为"楼"，"楼"上存放杂物并备客人居住。当地没有厕所，人们于无人处随意"方便"。我的实习点是额尼尔古高山区的彝寨，房东是兄弟俩，我们朝夕相处，关系十分亲密。特别是晚上，我和他们一起谈生活，说民俗，讲笑话，说尔比（彝族格言）。我在彝家的"楼"上蜗居半年，每晚身下有十数只羊与我同眠。冬天很冷，屋里屋外几乎是同一温度，气温时常在零度以下，雪花能从屋顶木板斜缝中飘落到脸上。天热时则腥臊并起，气味难闻。当地贫困老乡一件披衫或披毡往往要穿若干年，甚至穿一辈子。彝族人一般不穿鞋子，出远门才穿草鞋，天寒地冻也都赤脚行路，有的脚底冻出大裂口。当地生活之困苦，连我这个农村出身、不畏吃苦的人也难以适应。

我们和当地群众同吃、同住、同劳动，用学到的彝语和彝族老乡交谈。实习快结束时，我已说得一口流利的彝语，并担任了该县人民代表大会的翻译。我们得到了彝族乡亲们热情的帮助和关照，深切感受到他们的勤劳、淳朴、善良，与他们结下了深厚情谊。我们也在那里经历了前所未有的磨炼，接受了难以忘怀的人生洗礼。我第一次了解到，中国竟还有这样贫穷落后的地区，那里的人民有如此顽强的生存毅力。

毕业后，一部分同学被分配到凉山彝族地区政府部门工作，一部分被分配到北京等地。我的老师、著名西夏学家王静如先生认为，彝语和西夏语有亲属关系。在王先生的朋友、语文系系主任马学良先生的动员下，我考取了中国科学院民族研究所的西夏文研究生。后来我做西夏语研究时，还将自己熟悉的凉山彝语与西夏语进行比较研究。

在后来的岁月中，我经常与在大凉山工作的同学们通信，他们在信中向我介绍大凉山的情况。我总惦记着，那里

1994年在大凉山调查时与凉山彝族自治州第
一任州长瓦扎木吉（右）在一起

2010年5月在凉山彝族自治州
考察彝文古籍

的社会又进步了吗？老乡的生活改善了吗？实际上，党和政府一直领导当地群众进行社会改革，提高生产力，努力改善人民生活。1970年，贯穿大凉山地区的成昆铁路全线开通运营，结束了大凉山不通火车的历史，大大改善了当地的交通状况。1978年，凉山彝族自治州与西昌地区合并，这是国家促进当地发展的又一项重要举措。为使这一特殊贫困地区尽快摆脱贫困，国家持续向大凉山区各贫困县投入扶贫资金。但由于自然条件恶劣、基础设施基础薄弱，当地的生产生活水平与以往相比虽有很大提高，但比起其他地区仍然落后。

1993年，我回到了阔别30多年的大凉山。当时，中国社会科学院民族研究所组织实施院重大科研项目"中国少数民族现状与发展调查"，在全国选择几十个少数民族地区的县作为调查对象。凉山彝族自治州昭觉县是此次调查地之一，中国社会科学院民族研究所与凉山州民族研究所合作，组建了凉山彝族调查组，进行彝族社会调查。我既是这次重大科研项目的负责人之一，又具体担任凉山彝族调查组的组长，也是调查组汉族人中唯一学过彝语的人。当我用彝语和彝族群众交谈时，他们感到十分亲切，共同的语言迅速拉近了调查者和调查对象之间的距离，我们像一家人一样亲近。

大凉山发生了翻天覆地的变化。我们调查的昭觉县县城里建起了楼房，兴办起多种类型的工厂；田地里的庄稼不再是稀稀疏疏，而是茂密苗壮；人们穿着整洁，不再愁吃愁喝；小学教育已基本普及，文盲率大大下降……大凉山从以前的奴隶制社会形态，经过民主改革，快速融入了中国现代化社建设进程中。其间，有跨越式的前进，也有改革中的阵痛。凉山社会在不断进步当中，但仍然存在不少问题，如自然条件依然恶劣、人口增长过快、人均收入依然很低等。1994、1995年，我们再次回到大凉山做补充调查。后来出版的调查报告《中国少数民族现状与发展调查研究丛书·昭觉县彝族卷》，对大凉山贫困县之一昭觉县的历史、现状、发展和存在的问题都作了解析。作为对凉山彝族有着深厚感情的人，我深为大凉山的发展和人民生活水平大幅度提高感到由衷的高兴，也想为凉山的建设和发展添砖加瓦、出力献策，同时也为凉山很多地区仍未摆脱贫困而忧心忡忡。

党的十八大以来，以习近平同志为核心的党中央高度重视脱贫攻坚工作，举全党全社会之力，深入推进脱贫攻坚。大凉山属典型的深度贫困地区，是全国"三区三州"地区之一。在脱贫攻坚战中，我不断看到有关大凉山脱贫成绩的报道：《附子花开大凉山中医药精准扶贫大有可为》《四川大凉山交通扶贫有话说》《以开发性金融夯实深度贫困地区发展基础——大凉山里"暖流"涌》《四川联通在大凉山的精准扶贫之路》《佛山精准扶贫大凉山开创新时代"彝海结盟"》《凉山两万多名贫困户失学儿童全部返校》《四川凉山走出一条"非遗+扶贫"致富路》《成昆铁路复线八月岭隧道贯通》……这些好消息使我心潮澎湃，似乎听到了凉山彝寨的乡亲们迈向小康生活的铿锵脚步声。在当地广大干部群众的艰苦奋斗和全国各地的大力支持下，大凉山终于要摆脱贫困了。

2020年11月，四川省人民政府批准凉山彝族自治州布拖县、昭觉县、美姑县等7个县退出贫困县序列。至此，大凉山正式整体脱贫，被称为"中国最贫困角落"之一的大凉山摆脱"贫困枷锁"，是中国脱贫攻坚的一个典型事例。它向世界证明，中国脱贫攻坚战取得全面胜利，是彪炳史册的人间奇迹，是中华民族的伟大光荣。作为与大凉山有不解之缘的我感到十分欣慰、无比幸福！当然我也知道，脱贫摘帽不是终点，而是新生活、新奋斗的起点，大凉山的乡亲们还要在巩固拓展脱贫攻坚成果、实现乡村振兴方面继续努力。大凉山，加油！

（原载《中国社会科学报》2021年6月18日）

与剑桥大学彼得·科尼基教授商榷
西夏对中国的认同

中国西夏语言研究专著《西夏文教程》英译本（*Tangut Language and Manuscripts: An Introduction*, Leiden: Brill, 2020）

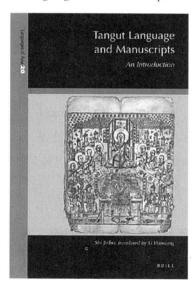

英译本《西夏文教程》
Tangut Language and Manu-scripts: An Introduction

付梓一年后，剑桥大学亚洲与中东研究系荣休教授、英国学术院院士、研究日本书籍史卓有建树的彼得·科尼基教授（Peter Kornicki）在《东亚出版与社会》（*East Asian Publishing and Society*）学刊上发表了一篇视域宽宏、见解精到，但又"时而不章""时而可商"的书评，梳理了西夏学的过去与现状，也对西夏研究的释译、西夏王朝的中国认同问题提出了意见。科尼基教授在伦敦疫情期间笔耕不辍，令人感佩。作者与译者亦撰此文，对科尼基教授表示感谢，并试与科尼基教授商榷。

一、科尼基教授对《西夏文教程》的总体评价

科尼基教授对西夏学的定位显示出了他作为书籍史专家的独到视域。他认为，西夏文献的重要性不限于西夏学，也超越了亚洲书籍史的范围。近一百年来相继现世的西夏文本包括迄今为止全世界最早的活字印刷书籍，是全球书籍史的重要一章。目前，西夏学对国际文化史的影响仍具尚未完全开发的潜力，其主要制约来自多数学者对西夏语言的陌生。填补这一空白，正是此书外译之初衷。

科尼基教授的另一洞见是：西夏学术文献的多语言特性也为学者增加了研究难度。这一多语种特性归因于西夏学近数十年来作为一个学科崎岖多艰的发展史。西夏学者来自世界各国：伊凤阁（А.И.Иванов）、聂历山（Н.А.Невский）、克恰诺夫（Е.И.Кычанов）、克平（К.б.Кепинг）、捷连基耶夫–卡坦斯基（А.П.Терентьев-Катанский）、索罗宁（К.Ю.Солонин）等数代俄罗斯学者，英国之格林斯蒂德（Eric Grinstead），美国之邓如萍（Ruth Dunnell），日本之西田龙雄、荒川慎太郎，以及剑桥学者高奕睿（Imre Galambos）和法国历史语言学者向柏霖（Guillaume Jacques）等。因此，在西方学界"若欲治西夏学，必须通晓中、日、俄、法、英"诸语文，令人"望而生畏"。科尼基教授话锋一转道："毫无疑问，最近二十年，中国学者主宰了这一领域。"科尼

基教授称赞本书作者史金波是研究西夏佛教史、印刷术与西夏社会"最多产的学者之一",也认为此书是目前关于"西夏语言和档案最全面的介绍"。科尼基教授从书籍史专家的角度,着重介绍了第二章"西夏文献",认为这部分是西夏书籍和文献色彩鲜明、内容丰富的大语料库。

科尼基教授还强调了西夏学发展史中那一段帝国主义与殖民主义遗产。他认为西夏学史料散布在世界各地——从柏林、伦敦、巴黎到圣彼得堡与斯德哥尔摩,是"掳掠"(looting)的后果,使用这个词"完全合理"。诚然,中国西夏学遗产受到了数代西方探险家贪婪的掠夺和严重的破坏。近数十年来,中国学者一直在呼吁重视这段历史的同时,致力与各国学者一道发展西夏学。科尼基教授指出书中图版"大多来源于中国图书馆藏",实际上便是中俄合作出版的《俄藏黑水城文献》,这套大型文献丛书现已出版30册,对推动西夏学发展起到了基础和关键作用。我们由衷希望世界西夏学者既铭记历史,也积极合作,推动世界学术融合发展,共创新知。

作为涉猎广泛的东亚研究者,科尼基教授的日本文化史背景起到了"他山之石可以攻玉"的效果。作为书籍史专家,科尼基教授的兴趣主要在西夏活字印刷、书籍装帧、书写格式、书籍插图。他尤其对西夏的类书、辞书、韵书和法典感兴趣,特意列举了西夏文《孝经》手稿:此书译自北宋吕惠卿注本,而吕注汉文本早已失传,因此弥足珍贵。教授也强调了西夏市场中流传的夏、藏木刻文本,以及西夏人出版多卷本、大部头书籍的出众能力。

科尼基教授还向国际学者简明介绍了第四章以后的主要内容：西夏文字分析、西夏语中的音韵、词类、语序、句法、格助词、存在动词、动词前置词、人称呼应及专有名词等。他指出这些章节都提供了西夏文例句以及译者提供的中、英译文。他热情称赞"本书把西夏文化的巨大财富带到了英语阅读世界，非常值得欢迎"。

二、科尼基教授对《西夏文教程》英译本的评价

科尼基教授研读此书后认为译者李汉松的英文通达晓畅，《译者序》颇有帮助："承担英译此部重要著作的艰巨任务，应得我们的感谢。"他圈点了英译本的独特之处：译者为首次出现的西夏字附加了国际拟音，"对西方读者而言，这一特点增加了本书的价值"。

他还赞赏译者在英译西夏文例句时，逐一查证了西夏原字的释译，保证了译文不受中文阅读的先见干扰，进一步增加了翻译的准确性。

科尼基教授也就两处翻译提出了具体意见：第三十一至三十四幅图版应为正式出版的印刷本，笼统套用了通常用于表示未出版文本的 manuscript，有欠妥当。当然，译者明确注明了"刻本"（block-printed）一词，因此不可能指狭义上的"手稿"。此外，图版四十三、四十四明显是两块雕版模板，英文被动译作"雕印"，亦有表示"印刷品"之嫌。我们由衷感谢科尼基教授的明察秋毫和慷慨指正。

三、与科尼基教授商榷西夏对中国的认同

科尼基教授自称唯一要对原著发的一句抱怨（gripe）和牢骚（grouse）是将西夏归入中古中国。他声称"西夏是中国中古时期的一个重要王朝"这句话有失公允，因为"西夏帝国不属于中国"而"独立于中国"。西夏为何不属于"中古中国"这一广阔范畴呢？科尼基教授认为"它经常与宋代中国（Song-Dynasty China）发生战争"。科尼基教授刻意将"宋"作为定语限制"中国"，从他使用的"宋夏战争"来看，科尼基教授实际上已经认可了辽宋夏金时期中国多元一体的基本事实。

科尼基教授还认为同一问题也适用于其他的"异族朝代"（Alien Dynasties）。显而易见，科尼基教授所指的是与"中国的汉族朝代"相对的"中国的异族朝代"，即以少数民族为主体建立的中国古代王朝。

科尼基教授的异议引出了一个更具深意的话题：中古中国的概念和西夏的中国认同。同时，他的介入也显示出，我们在书中强调指出"西夏是中国中古时期的一个重要王朝"仍有其实际意义，它有利于澄清国外部分学者在此问题上模糊甚至谬误的认识。

在此，我们从西夏的帝统观念、华夏意识、制度文化、民族认知等角度，论证西夏是中国的一部分，以供科尼基教授和关心此问题的专家们参考（详见史金波《论西夏对中国的认同》，《民族研究》2020年第5期）。

1.帝统沿承

西夏攀附元魏，追认唐朝，推崇唐尧、汉祖，认可古代中国帝统，自认为是其继承者之一。元昊向宋朝进表："臣祖宗本出帝胄，当东晋之末运，创后魏之初基。远祖思恭，于唐季率兵拯难、受封赐姓"——元昊自称党项拓跋氏与北魏拓跋氏有亲缘关系，尔后先是党项领袖拓跋赤辞归唐，太宗赐姓李，后来拓跋思恭讨伐黄巢有功，僖宗封夏国公。这段叙述反映了西夏皇族的历史记忆和自我认知。

同样，西夏大庆三年（1038）八月十日《大夏国葬舍利碣铭》记曰："我圣文英武崇仁至孝皇帝陛下，敏辨迈唐尧，英雄□汉祖。"（英雄后字缺，应为"等""同""超""越"之类）。唐尧位列"五帝"，是中华正统的象征。而"汉承尧运，德祚已盛"，"自然之应，得天统矣"，亦是中国王朝之典范。凡此种种，可见西夏皇族在对外、对内的修辞之中，都自认为是中国正统。

再看外交辞令：西夏前期，宋辽互称"南朝""北朝"，而称西夏为"西夏"。金灭辽后，西夏遵辽例以事金。西夏后期，宋金互称"南朝""北朝"，仍称西夏为"西夏"。有趣的是，西夏大安八年（1081），时值宋夏战争，《凉州重修护国寺感通塔碑》的西夏铭文因西夏地处西陲，用"东汉"称呼宋朝，而该碑的汉文碑铭却用"南国"称呼宋朝。可见在近两个世纪中，西夏一直保持着三分天下有其一的座位，而"南""北""东""西"这些方位词都明显表示了其中任意一家都只是中国帝统的一部分。

2.华夏概念

欲知西夏人对中国概念的认知，可以考察西夏文献如何翻译"中国""华夏"诸语。首先，西夏人尽量淡化"夏""夷"之别。不论指京城还是中原，西夏直译"中国"为"中间之国"。而在翻译"夏""夷"字样时，西夏文韵书《文海宝韵》注释道："夷者夷九姓回鹘、契丹等之谓"，明确把西夏主体民族党项族排除在外。此外，西夏文类书《类林》中音译"夷""戎""蛮""狄"，或将"四夷"译为"四部""四类""四小国""小地寡姓"，尽量淡化"夏""夷"之分。

西夏还将自己控制的疆土包含在广义的"中华"之内。在黑水城遗址出土的西夏文文献中有佛学著作《禅源诸诠集都序》，系唐朝佛教大师宗密所作，在该序中有"达摩受法天竺，躬至中华"之语，西夏文译为"达摩受西天心法，来到东国"。这里西夏译者将"中华"译为"东国"，与"天竺"相对。而唐朝裴休为此序作述，有"故天竺、中夏其宗实繁"之语，西夏文意译为"故西天、东国此宗实多"，亦将"西天"与"东国"相对，可见西夏人对"中华""中夏"广义放大到宋朝以前，包括西夏地区在内的中国古代王朝，而非只是北宋朝廷一家的势力范围。

3.典章制度

在制度上，西夏推崇儒学，实行科举。西夏法典《天盛改旧新定律令》继承《唐律》《宋刑统》等中华法系，尤其是其中的"十恶""八议"等主要内容，与中原皇朝法典如出一辙。

西夏仿效中原官制。西夏仁宗时编著的西夏文、汉文辞书《番汉合时掌中珠》记载了西夏自中书、枢密以下23个职司。《天盛改旧新定律令》卷十"司序行文门"系统地记载了西夏五等职官的一系列职官名称，多与中原王朝相同或相近。通过汉文和西夏文资料可知，西夏基本采纳了中原皇朝职官制度，甚至西夏文官印印文也采用与汉文官印同样的九叠篆。

西夏文贞观甲申四年（1104）首领印

西夏继承德运传统。中国历代王朝讲究德运，各以木、火、土、金、水五德传承。辽、宋、金各朝自诩中国正统，德运分别为水、火、土，西夏也不例外，其德运为金。西夏文《圣立义海》中，有"国属金"的记载。西夏大约认为自己直接继承了唐朝土德，遂为金德，此举是华夏正统观的重要体现。这充分说明，当时各朝虽主体民族不同，但均认同中国的帝统，视本朝为其支脉，表明对中华政治文化的高度认同。

西夏一朝如中原王朝一般，设置年号、尊号、谥号和庙号。其中，年号是中国封建王朝用于纪年之名号。因此，有无年号是中国王朝的关键标志。西夏在正式立国前已仿照中原王朝自建年号，在近两个世纪中，西夏十代帝王先后使用了三十二个年号，始终遵循着中国王朝设置年号的传统。无

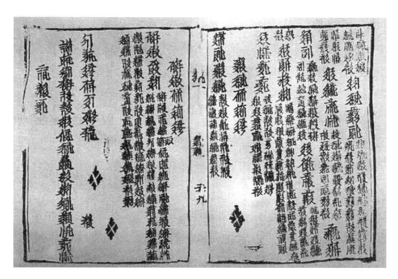

西夏文《圣立义海》记载"国属金"

怪乎北宋大臣富弼曾将辽和西夏并列，认为此二朝"得中国土地，役中国人民，称中国位号，仿中国官属，任中国贤才，读中国书籍，用中国车服，行中国法令"。

4.社会文化

西夏仁宗尊儒，于人庆三年（1146）尊孔子为文宣帝。在中国封建社会中，孔子的地位不断攀升，但封谥的尊号最高是文宣王，唯有西夏仁宗时尊为文宣帝，这是中国历史上对孔子空前绝后的尊号，充分证明西夏崇儒之盛。西夏自始至终，皆以中国传统儒学作为社会和治国的指导思想，这是中国文化认同的根基。

西夏贞观元年（1101）西夏御史中丞薛元礼上书，建议重视汉学："士人之行，莫大乎孝廉；经国之模，莫重于儒学。昔元魏开基，周齐继统，无不尊行儒教，崇尚《诗》《书》，盖西北之遗风，不可以立教化也。"此处，西夏大臣仍以西夏继承了中国北魏、周齐的正统，来论证儒家文化的合理性。

西夏境内，佛学广为流传，而佛经中的叙述也能论证西夏人的华夏意识。西夏文《过去庄严劫千佛名经》发愿文叙述了佛教在中土流传和译经过程：首记汉孝明帝因梦派蔡愔西寻佛法，迦叶摩腾和竺法兰东来传教，至三国、晋、宋、齐、梁、周、隋、唐八朝先后译经，五代至宋再译佛经，又在总结佛教兴衰之后，继而重点叙述西夏之译经、校经史。如此，从佛教流传史的视角把西夏认定为中国的一代王朝，是中国历史的继承者之一，当是中国的一个组成部分。

西夏民间信仰佛教，有死后转生的观念。在榆林窟第15窟前室东壁甬道口北壁上方有墨书西夏天赐礼盛国庆五年（1073）汉文题记，内记阿育王寺赐紫僧惠聪弟子共七人在榆林窟住持四十余日，最后记"愿惠聪等七人及供衣粮行婆真顺小名安和尚，婢行婆真善小名张你，婢行婆张听小名朱善子，并四方施主普皆命终于后世，不颠倒兑离地狱，速转生于中国"。这样的地理用词，也直接表明当时西夏人认为西夏疆土属于更广泛意义上的"中国"。

5.民族身份

前述西夏淡化"华夷"界限，把党项族纳入"中华"范畴。尤其值得关注的是：西夏本身也是多民族王朝，不可如科尼基教授一般，概以"唐古特人"视之。西夏境内有党项羌、汉、藏、回鹘、契丹居民，不同民族之间通婚、结社、交易（详见最新出版的《西夏经济文书研究》）。西夏多种文献都平行记述了不同民族的特点，如《新集碎金置掌文》高度概括道："弥药（党项）勇健行，契丹步行缓，羌（吐蕃）多敬佛僧，汉皆爱俗文。"西夏法典第十"司序行文门"规定道："任职人番、汉、西番（吐蕃）、回鹘等共职时，位高低名事不同者，当依各自所定高低而坐"，说明了西夏职官也民族不一。如辽、金一样，西夏境内的民族成分多元。可以说，辽宋夏金时期的民族融合也为元朝以中华正统身份承袭中国做了理论和实践的铺垫，打下了中国多民族一体的观念基础。

结　语

辽宋夏金时期，以少数民族为主体的多民族王朝逐渐倡导"华夷同风"，或否认本身为"夷"，或模糊"华夷"界限，或以民族、方位称呼王朝，甚至将本民族及其他非主体民族纳入更广义的"中华"范畴之内，进而在民族融合的基础上探索新的正统观念。这是自南北朝时期以来，又一次的民族大融合。研究文化史，必以史料为鉴，客观看待中国的多民族交流与发展史，而非认定"古代中国史"只能是以汉民族为主体的历史。只有摆脱这种狭隘的中国史观，才能"脱心志于俗谛之桎梏"，以严谨的态度、包容的精神寻求在世界范围内推动学术进步。

（史金波、李汉松合著，原载《澎湃新闻》2021年7月30日）

对中华民族的认同自古有之

在中央民族工作会议上，习近平总书记强调"必须坚持正确的中华民族历史观"。我理解，正确的中华民族历史观，就是以历史唯物主义的观点，客观准确地认识、理解、看待中华民族形成和发展的历史，从而形成铸牢中华民族共同体意识的思想观点。

对中华民族形成起决定作用的是对中华民族共同体的认同

中国是一个历史悠久的统一的多民族国家，各民族血脉相连，文脉相通，共同缔造了伟大的中华民族，形成了中华民族多元一体的格局。各民族在历史发展的长河中，都作出了自己的贡献。历史上，中原王朝先后实行羁縻制度、土司制度，对民族地区进行因俗而治的管理。明清之际逐渐实行改土归流政策，对民族地区的管理进一步加强。

从中国历史发展趋势看，随着各民族交往深入，中央王朝管辖范围逐步扩大；随着中华民族的进步和发展，中原王朝对民族地区管理越来越直接、具体、细密；随着各民族之间交流的增强，各民族在传承、保留一定民族特点的同时，共性越来越多。正如习近平总书记指出的，"一部中国史，就是一部各民族交融汇聚成多元一体中华民族的历史"。

今天我们所说的中华民族是包括中国境内所有56个民族的共同称谓，而不是把56个民族简单加在一起的称呼。中华民族中的各民族已结合成相互依存、统一而不能分割的整体，是具有更高层次的民族认同意识的实体，形成了各民族血肉相连、情感深厚、休戚与共的命运共同体。

中国有连绵不断的五千多年文明史，有持续修纂史书的文明传统。司马迁的《史记》作为中国第一部纪传体通史，不仅系统记录了中央王朝的历史，其中的《匈奴列传》《西南夷列传》等还记载了中国北方和南方少数民族地区的历史，从修史传统反映出多元一体的中华文明。

中国在长期历史发展中，逐渐形成了以儒学为代表的精神文化。儒学主张"德治"和"仁政"，儒家思想总体上为我国封建社会两千多年统治秩序和社会秩序提供了精神支撑，对维护国家统一、社会稳定起着积极作用。以儒学典籍为标准的科举考试，是中国自古以来形成的包括朝廷制度、郡县制度、土地制度、税赋制度、科举制度、监察制度、军事制度等各方面制度在内的国家制度和国家治理体系的一部分。中国不仅在统一时期的王朝实行科举，在多民族王朝分立时期，各王朝也纷纷实行科举。如宋辽夏金时期，各王朝都实行科举，把这一以儒学为基准选拔官吏的制度推向更边远的地区。同时，各民族也在中华文明总的文化氛围下，发展了自己的民族文化，比如辽、夏、金三个王朝都仿照汉字创制了民族文字。而各王朝创制民族文字后，首要的都是翻译《论语》《孝经》等儒学经典著作，同时也记录本民族的历史文化。元朝和清朝都全面赓续儒学文化，实行科举制度，并都以汉文为最主要的通行文字，继承并弘扬了中华传统文化。琳琅满目的各民族文字文献，其中包括以汉文为主干的两种或两种以上文字的合璧文献，都是多元一体的中华文明的历史见证。

在中华民族形成和发展进程中，朝代不断更迭，但对中国的认同却连绵不断。无论哪个民族入主中原，都以统一天下为己任，都以中华文化的正统自居。中国历代形成了五行德运之说，各王朝讲究五行相生，用五行中的一个字为代表，标识正统。不仅中国统一时期的王朝有德运，分立时期各王朝也都争相确立本朝德运用字，以标榜继承中国正统。如南北朝时期，南朝宋、齐、梁、陈的德运分别为水、木、火、土，北朝的北魏、东魏、西魏皆为水德。宋、辽、夏、金各朝的德运分别为火、水、金、土。这证明，当时各王朝虽然由不同民族建立，但都将自己视为统一多民族国家的正统或支脉。宋朝和辽、夏、金王朝都认同中国，相互间往往以南、北、西、东方位相称呼。辽、夏、金都接受了中原地区的政治制度，并参照中原王朝的法典制度制定法律，丰富了中华法系的内容。这是对中华民族政治和文化的高度共同认知，是对中华民族认同的突出表现。

正如习近平总书记指出的，"分立如南北朝，都自诩中华正统；对峙如宋辽夏金，都被称为'桃花石'"。中国即使在王朝分立时期，也能充分表现出中华民族的多元一体，体现出各民族逐渐趋同的大趋势，这凸显了中华民族是一个血肉相连的整体，各民族都自觉认同中华民族。

从中华民族共同体的高度把握历史叙述权和话语权

一部中华民族史，就是中国各民族共同缔造、发展、巩固统一的伟大祖国的历史，就是各民族日益密切的交往交流交融史。身处中华民族大家庭内的各族人民，对此有深切体会。历史文献，包括汉文和少数民族文字文献对此有大量生动记载。比如，出土的西夏户籍账，明确记载了党项族和汉族通婚的事实，是民族交融的典型例证。一些在中国历史上有重要影响的民族，如匈奴、鲜卑、契丹、党项、女真等都消失了，其血脉融入了中华民族大家庭，更表现出民族交融的大势。

中国的历史学家们在研究中华民族史方面作出了重要贡献。在新时代，应继续夯实资料基础，在重视汉文文献的同时，注重挖掘各民族文字资料，使文献和文物资料"活起来"。应从中华民族共同体的高度，加强对统一多民族国家形成和发展的研究，加强宏观、综合性和对比性研究，对重要问题进行针对性研究，注重研究与民族史密切关联的宗教问题，在构筑中华民族共有精神家园方面发挥更大作用。同时，要加强中华民族史优秀著作外译出版工作，在国际交往中提升话语权。

古代民族文字儒学典籍彰显文化认同

在长期的历史发展中，以儒学为代表的中华优秀传统文化，对加强中国各地各民族的思想共识、维护国家统一和社会稳定发展起着基础作用。大量儒学经典宣扬仁、义、礼、智、信等思想，成为各民族共同学习和传承的精神财富。

历史上，许多少数民族建立的政权为了加快自身发展、加强各民族之间的交流，积极借鉴中原地区先进文化，学习儒学典籍，修习中原王朝史书。很多少数民族虽然有本民族语言，但没有文字，因此直接使用汉文学习和传播儒家经典、推行儒学。很多有本民族文字的少数民族政权，也大力推行儒学，用民族文字翻译儒学经典和中原王朝史书，将民族文字作为传承中华文化的桥梁，向各民族输送先进文化的重要载体，反映了各民族交往交流交融的深度。

唐朝公主入藏，传播儒学经典

西藏与中原王朝自古就有密切联系。唐代，吐蕃赞普松赞干布为加强与唐朝的友好往来，先后两次派遣使臣请婚，迎娶了唐朝皇室宗亲文成公主。文成公主入藏时，唐太宗赐予很多物品，其中有儒家经书、佛经、营造与工技书、医书等。这些典籍对西藏吸收中原文化起到了促进作用，松赞干布从唐朝引入纸、墨等生产技术，派遣贵族子弟到长安学习诗书，聘请汉族文人到西藏代写表疏。现矗立在拉萨大昭寺前的唐蕃会盟碑，就是用汉文、藏文合璧书写的，反映了汉藏十分密切而友好的关系。

8世纪初，赤德祖赞即赞普位后，也多次派遣官员到长安请婚，唐朝以金城公主赐婚。金城公主入藏时，携带了多种书籍，后来又向唐朝求得《礼记》《左传》《文选》等典籍传入吐蕃。近代敦煌石室出土的《尚书》《礼记》《战国策》等古藏文译本，证实了当时用藏文翻译儒学经书和史书，反映出以儒学为代表的中华优秀传统文化在西藏的传播和影响。

辽金传承儒学，翻译经史书籍

以契丹人为主建立的辽朝，注重学习中原文化，用汉文刊印了儒学典籍"五经"（包括《诗经》《尚书》《礼记》《周易》《春秋》），后又印行《史记》《汉书》等。辽朝承唐仿宋，成立国史院、设国史监修官，所修国史包括起居注、日历、实录等。

辽朝还用契丹文翻译了很多汉文书籍。据《辽史》记载，有"大儒之称"的著名学者萧韩家奴曾译《贞观政要》《五代史》《通历》等。甚至辽朝皇帝也参与翻译中原流行的典籍，辽圣宗耶律隆绪曾翻译白居易的《讽谏集》。

以女真人为主建立的金朝，对中原典籍也十分重视。金朝设国子监，不仅培养士子，还刊印教学用的儒学"九经""十四史"以及《老子》《荀子》《扬子》等书。

金朝用女真文翻译了多种中原经典，并特地设立译经所。当时，女真文译本有《易经》《尚书》《论语》《孟子》《孝经》《老子》《刘子》《扬子》《列子》《文中子》等，此外，还翻译有《史记》《汉书》《盘古书》《孔子家语》《太公书》《伍子胥书》《孙膑书》《黄氏女书》《贞观政要》《新唐书》等。有的发行量较大，如大定二十三年（1183）翻译的《孝经》，一次就印刷了上千部，分赐给护卫亲军。这些典籍以女真文为中介，在边疆地区拓展了儒家文化的影响。

西夏崇儒译经，封孔子为文宣帝

以党项人为主建立的西夏，善于吸收中原文化充实自己。西夏统治者为推动文化发展，积极翻译中原地区的儒学著作。据《宋史》记载，西夏景宗李元昊下令仿汉字创制西夏文字后，"教国人记事用蕃书，而译《孝经》《尔雅》《四言杂字》为蕃语"。西夏毅宗李谅祚向宋朝求赐"九经"（宋代以《易》《书》《诗》《左传》《礼记》《周礼》《孝经》《论语》《孟子》为"九经"）以及《唐史》《册府元龟》，宋朝赐予"九经"。

西夏还翻译了多种儒学经典。出土的西夏文文献中，有刻本《论语》、写本《孟子》《孝经》等。其中，《孝经》是中原已失传的吕惠卿注本，西夏文本可补儒学典籍的缺失。

此外，有许多西夏人为中原地区有影响的儒学著作注释。西夏仁宗时的国相斡道冲是西夏儒学宗师，他以西夏文注释的汉文经书《论语小义》，是以中原文本为基础撰著的西夏文儒学书籍，可见当时西夏儒学之盛。

中原地区大量的史书、类书，也被翻译为西夏文本。《贞观政要》被节译为西夏文本，名为《德事要文》，刻印出版。叙述春秋时期历史的《十二国》，被编译成西夏文刻印流行。《类林》是唐代一部宣扬忠孝精神的类书，被译成西夏文刻印出版。后来，中原汉文原书失传，留存下来的西夏文本《类林》被转译回汉文本，《类林》因此得以赓续传承。西夏以军事兴国，特别重视用兵，中原地区的兵书，如《孙子兵法》等，也被译为西夏文刻印出版。

西夏仁宗于人庆三年（1146）尊孔子为文宣帝。在封建社会，孔子的地位不断提升，唐朝追谥孔子为文宣王、宋、元、明、清诸朝代也有封谥，尊号为文宣王或至圣先师，唯有西夏尊孔子为文宣帝，这是对孔子最崇高的尊号。这一尊号的封谥发生在党项人建立的西夏王朝，证明西夏崇儒之盛。

元朝尊儒兴学，广译儒学典籍

蒙古兴起后建立的元朝，也接受了中原文化。元世祖忽必烈顺应历史发展趋势，积极推行中原地区较先进的封建制度。

忽必烈推行中原文化的核心是尊儒兴学，1233年在燕京设国子学，让蒙古子弟学习儒家经典，接受中原文化教育。忽必烈在登位之前，便开设幕府，延揽中原文人作为幕僚，为其出谋划策，讲述儒家经典。忽必烈召金末状元王鹗为其讲解《易经》《孝经》等儒家典籍，并论治国之道。王鹗后著《论语集义》。

在元朝建立之前，蒙古政权的统治者就在燕京设有专门学校，教授汉人和色目人学习蒙古语文，培养翻译中原经典的人才。译者开始多为汉人，后多为蒙古人或蒙古人、汉人合译。深受忽必烈赏识的汉族名士赵璧精通蒙古文，他将《论语》《大学》《中庸》《孟子》等书译为蒙古文，并将《大学衍义》译成蒙古文为忽必烈讲解。忽必烈还选派青年向赵璧学习。

当时许多翻译人才还翻译了汉文典籍《百家姓》《千字文》《忠经》《尚书》《资治通鉴》《贞观政要》《帝范》等。

元朝创制八思巴文，并用其翻译、刻印了诸多汉文典籍，如《孝经》《贞观政要》《资治通鉴》《大学衍义》等。这些译著滋养了一批蒙古族文士，广泛传播了以儒学为代表的中华优秀传统文化。不仅元朝统治者拥有深厚的儒学根底，在社会上也是汉文和蒙古文书写的儒学典籍并盛。

清朝设翻书房，普及儒学经典史籍

清朝十分重视儒学，不仅大量刊印汉文本经史书，还专设翻书房，将汉文典籍译成满文，刻印流传。清朝持续翻译了大量儒家经典，如康熙、雍正时期翻译了"四书"以及

《易经》《尚书》《孝经》等，或以"日讲解义"的形式刊布。康熙年间编印满文版《日讲书经解义》《日讲四书解义》《日讲易经解义》《日讲春秋解义》等书。乾隆即位后，又下令对一批儒家经典重新翻译，其中难能可贵的是将经典做成满文、汉文合璧本。顺治年间刻印的《诗经》，每页上半部是满文，下半部是汉文。康熙年间刻印的满汉合璧"四书"，成为最畅销的坊刻书。

清朝还翻译了很多史书，如《辽史》《金史》《元史》《洪武宝训》等。清朝翻译的儒学和史学典籍种类繁多，刊印数量庞大，影响更为广泛。

总之，少数民族文字翻译的大量经书、史书，有力促进了以儒学为代表的中华优秀传统文化延伸到各少数民族中，加速了在全国范围内的传播。既提升了影响力，深植中华文明基因，也促进了各民族文化发展和各民族更深层次交往交流交融，加深了各民族对中华文化的认同。

（原载《中国民族报》2022年3月29日）

族际通婚：出土西夏文文献证实
民族间的深度融合

    中国是一个多民族国家，自古以来各民族间交流频繁，关系密切。各民族之间往往交错杂居，来往频繁，相互帮助，亲密无间，形成你中有我、我中有你的态势，自然而然地发生通婚的深度交融现象。

    对于各民族之间的通婚，传统历史文献记载较多的是和亲和赐婚。这些族际婚姻贯穿于中国古代历史的长期发展过程中，对历史发展有着一定影响。实际上，各民族间的通婚更大量地发生在民间。民间的族际婚姻更为真实、更为广泛地显示出民族间水乳交融的亲密关系。这种重要的历史现象，传统历史文献缺乏记载。而古代的户籍账之类的文书档案等，则能保留不少这方面的原始资料。但可惜这类重要文献多难以保存下来，特别是明代以前的档案资料更是极为少见。近代出土的古代文献中，有一些反映古代民族之间通婚的资料，显得十分珍贵。出土的西夏文文献中的户籍、契约等档案资料，就包含着具体而生动的有关事例，值得学界重视。

出土西夏文户籍账反映民族间的通婚

20世纪初，俄国的一支探险队在中国北部的黑水城遗址（今属内蒙古自治区额济纳旗）发现了大量西夏文献、文物，遂席卷而走，至今仍藏于圣彼得堡。20世纪90年代中国社会科学院民族研究所和俄罗斯科学院东方研究所圣彼得堡分所合作，将藏于该所的黑水城出土文献陆续在中国整理出版。已出版的《俄藏黑水城文献》汇聚了8000多编号的西夏文文献，其中包括大量基层社会文书。

西夏文社会文书中的户籍账表明，在西夏的基层社会确实存在不同民族间的通婚现象。6342-1号西夏文草书户籍账残卷，存有一个乡里30户的资料。每一户首先记户主姓名，然后分男、女记大人和小孩的人数、与户主的关系和姓名。其中凡姓氏后带有"氏"字者皆为已婚女性。

西夏出土文献中有西夏文和汉文《杂字》，其中分别记录了西夏的"番姓"和"汉姓"。番姓即西夏主体民族党项族姓氏，汉姓即汉族姓氏。以户籍账中人名的姓氏检索《杂字》中的姓氏，便可知其民族属性。这样可看到该户籍账中，有的家庭夫妻皆为党项族，也有的家庭夫妻双方都是汉族，还有的是党项族与汉族结为夫妻的家庭。其中族际婚姻家庭如：

第6户

一户千叔讹吉二口

男一

大一讹吉

女一

　　大一妻子焦氏兄导盛

　　此户户主名千叔讹吉，千叔是党项族姓，他是党项人。其妻子姓焦，是汉族。

第9户

一户嵬移雨鸟五口

男二

　　大一雨鸟

　　小一子正月有

女三

　　大一妻子罗氏有有

　　小二女白面黑金□

　　此户户主名嵬移雨鸟，嵬移是党项族姓，他是党项人。其妻子姓罗，是汉族。

第11户

一户卜显令二口

男一

　　大一显令

女一

　　大一妻子律移氏兄令

此户户主名卜显令，卜是汉族姓，他是汉族。其妻子姓律移，律移是党项族姓，她是党项人。

第27户

一户千玉吉祥有四口

男一

大一吉功［祥］有

女三

大三妻子瞿氏五月金

妻子梁氏福事

女铁乐

此户户主名千玉吉祥有，千玉是党项族姓，他是党项人。其妻子姓瞿，是汉族。

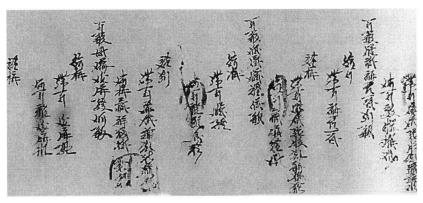

西夏文户籍账（中间一户为第9户）

以上4户信息显示，各户中夫妻二人是不同民族间结婚的。有3户丈夫是党项族、妻子是汉族，1户丈夫是汉族、妻子是党项族。从上述户籍账中已经能确定的不同民族的夫妻关系看，这30户中至少有4户是党项族和汉族通婚，共同组成家庭，反映出当地普通民众中族际婚姻已不是个别现象，显示出民族间在密切交往中实现自然深度交融。

出土西夏文契约反映民族间的通婚

黑水城遗址出土的文献中还发现了一批契约，这些契约在正文中及最后的契尾有当事人的署名，通过署名的姓氏可以查检他们的族属。

在一些借贷契约中为了确保借贷者还贷，除借贷者本人要署名画押外，还要有同立契者即同借者签名画押。同立契者多为借贷者的家人、亲属或至近的朋友。若借贷者不能按时还贷，同立契者有还贷的责任。一些同立契者的姓名前明确记载与借贷者是夫妻关系，其中有的夫妻显然是不同的民族。

如4696-3（8）号西夏光定申年（1212）曹肃州贷粮典物契，其契尾的签署画押为：

立契者曹肃州（画押）

同立妻子讹七氏酉宝（指押）

同立契□羊金（画押）

证人梁老房宝（画押）

证人老房有（画押）

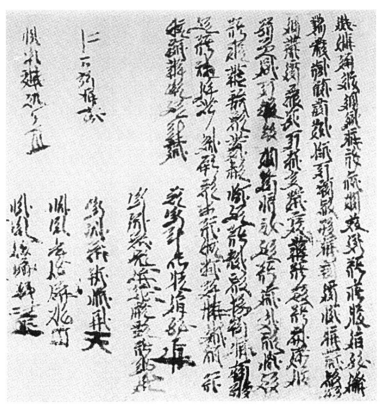

西夏光定申年四月二十五日（1212）曹肃州贷粮典物契

立契者曹肃州是汉族，同立契者妻子姓讹七，是党项族，两人为不同民族通婚。

又如7741（15）号西夏天庆寅年（1194）积力善宝贷粮契，其契尾的签署画押为：

立契者善宝（画押）

同立契者妻子肃氏尔嘎金（画押）

立契者积力善宝是党项族，同立契者妻子肃氏尔嘎金，是汉族，两人也是不同民族通婚。

有的契尾中的同立契者未明确记录妻子的身份，但从其性别和在契尾的位置可判定为立契者的妻子。

如7741（1）号西夏天庆寅年（1194）石狗狗子贷粮契，其契尾的签署画押为：

立契者石狗狗子（画押）

同立契铺力氏弟引（画押）

立契者石狗狗子是汉族，同立契者为铺力氏弟引，铺力为党项族姓，她是第一位同立契者，是与立契者关系最密切的异性，应是立契者的妻子。

又如5949-21（1）号西夏光定申年（1212）嵬移吉祥盛贷粮抵押契，其契尾的签署画押为：

立契者嵬移吉祥盛（画押）

同借浑氏乐引（指押）

立契者嵬移吉祥盛是党项族，同立契者浑氏乐引，浑为汉族姓，她是与立契者关系最密切的异性，应是立契者的妻子。

以上例证证实，在民间借贷的契约中，也显示出西夏时期不同民族间相互结亲、组成族际婚姻家庭的真实情景。

其实在党项族未立国前，在西北地区就与其他民族杂相聚处，《宋史·太宗纪》记载，宋至道元年（995）八月"禁西北缘边诸州民与内属戎人昏娶"。这里的"戎人"即指党项人。宋朝禁止党项族和沿边的宋朝百姓结为婚姻，反映出当时宋朝沿边百姓和党项族通婚已不是个别现象。西夏时期政府并不限制不同民族之间的通婚，各民族之间的通婚更加顺畅普遍。

双姓氏名字反映民族间的通婚

在西夏文文献中，有的人名的姓氏是两个姓氏叠加在一起，形成双姓氏名字。这种特殊的姓氏往往是两个民族姓氏的相加，也显示出不同民族通婚的事实。

在所见人名中有汉姓和番姓两个姓氏时，多是汉姓在前，番姓在后。如西夏《凉州重修护国寺感通塔碑铭》中，记载书写西夏文碑铭的为西夏切韵博士浑嵬名遇；莫高窟第61窟众僧人供养人旁皆有西夏文、汉文合璧题记，其中一名僧人旁记"住缘僧翟嵬名九像"；榆林窟第12、13窟之间的题记有"张讹三茂"等。以上姓氏第1个字分别为浑、翟、张，皆为汉姓，第2、3两字分别是嵬名、讹三，为党项族姓。这种双姓氏现象是不同民族的父姓与母姓共用，表明不同民族间的通婚关系。在西夏，党项族作为主体民族，地位较高。有的汉人与党项人结婚后，便在自己的汉姓之后加上妻族的姓氏，或在所生儿子的名字内于父姓之后再加上党项族的母姓，以显示有党项族血统，有较高的地位。这种特殊的姓名透露出党项族和汉族互通婚姻、民族之间自然同化的明显痕迹。

莫高窟第61窟僧人供养人旁有西夏文、汉文合璧题记
（左上为翟儿名九像）

以上出土文书、文物中的两个不同民族姓氏叠加在一起的现象，从一个新的侧面反映出民族间密切交流、自然通婚、深度交融的史实。

民族名称变成姓氏反映民族融合

在西夏还有一种特殊现象，即有的民族在融合进程中被纳入党项族中，以民族名称作为姓氏，更突出地反映出民族间的融合现象。在西夏文《杂字》"番姓"中就包括"鲜卑"一姓。在中国历史上有重要影响的鲜卑族，其中一部分在西夏时期由于和党项族长期共同生活，已经相互融合。这些鲜卑人不用原来的拓跋、独孤等姓，也不用北魏时期改的元姓等，而是直接以鲜卑为姓。在榆林窟第29窟中有西夏供养人像，其中首位即真义国师鲜卑智海。在《圣胜慧到彼岸功德宝集偈》的题款中记载法师鲜卑宝源担任汉译。

更令人惊叹的是在西夏灭亡270多年后，于明弘治十五年（1502）迁徙到保定府（今河北省保定市）的西夏后裔，在寺庙所立西夏文和汉文合璧的经幢铭文中，记录了立幢和随喜的众多人名，其中不仅有包括西夏皇族嵬名氏在内的很多党项族，也有很多汉族，其中也有以鲜卑为姓者多人，如鲜卑丰多仁、鲜卑三鸠、鲜卑由保、鲜卑富成，此外还有鲜卑氏文束等女性。由此可见，鲜卑氏的一些人与其他党项族后裔一起，自西北辗转到华北，虽保留着原民族的一些痕迹，但随着岁月的流逝，他们都融入当地的汉族之中了。

西夏汉文本《杂字》的"番姓"中，有一姓是"绸纥"。"绸纥"即"回纥"或"回鹘"。在此《杂字》中把回鹘作为番族的一姓，也表明像"鲜卑"姓那样，一部分回鹘人已进入番族，表明西夏人有时把回鹘看成是一个番族的姓氏。而在西夏法典《天盛改旧新定律令》中规定："任职人番、汉、西番、回鹘等共职时，位高低名事不同者，当依各自所定高低而坐。"表明在西夏政府中有党项人、汉人、吐蕃人和回鹘人，回鹘人还被看作是一个民族。但在实际生活中，回鹘往往被归入被称为番人的党项族内。

如西夏光定未年（1211）李犬盛借骆驼契中的证人回鹘吉祥有，即以回鹘为姓氏。此外，在西夏社会文书中的名字的党项族姓氏后，加上"回鹘"二字，表明此人家庭有不同民族通婚。如天盛二十二年（1170）寡妇耶和氏宝引母子卖地房契中北界土地的主人耶和回鹘盛，乾祐戌年（1190）盛犬贷粮抵押契中的同借者居地回鹘金，天庆寅年（1194）只移回鹘后贷粮契的立契者，天庆卯年（1195）居地吉宝贷粮契中同借者康回鹘子，天庆亥年（1203）恶恶老房男贷粮抵押契中的同立契者梁回鹘张。以上人名中的"回鹘"表明他们的家庭与回鹘人有婚姻关系，他们的母亲很大可能是回鹘人。

西夏皇族的异族通婚

传统文献中记载了西夏皇室异族通婚的事实。如太祖李继迁、景宗元昊和崇宗乾顺曾先后娶契丹皇室女义成公主、兴平公主和成安公主为妻。毅宗时，曾以宗室女嫁给归降西夏的吐蕃族首领禹臧花麻。崇宗时，又以宗室女嫁给吐蕃首领赵怀德。西夏皇帝娶汉族女为妻者更多，如崇宗乾顺之妃曹氏为汉族，生子仁孝，是为仁宗；仁宗妃罗氏也为汉族，生子纯祐，是为桓宗，西夏两代皇帝的母亲都是汉族，反映出西夏皇族中汉族的血统成分越来越多了。

西夏立国前元昊将皇族改为嵬名氏，经过长期的繁衍、分化，至西夏后期，其中有不少成为生活在基层的普通百姓。在西夏借贷文书中不乏姓嵬名的人，有的是借贷者，也有的是放贷者，其中也有的人名有两个民族姓氏。这反映出在西夏民间，西夏皇族后代也与其他民族结亲。如天庆寅年（1194）嵬名赵小狗贷粮契，立契者名字嵬名赵小狗包含了皇族嵬名姓和汉族赵姓。近代发现了一些西夏文首领印，印背皆镌刻持印者人名，其中也发现一个姓名包括两个民族姓氏的，如吴嵬名山。

总之，以上资料是宋辽夏金时期民族大融合的具体实例，这些仅是当时千千万万族际婚姻中若干存留于世的典型，折射出中国历史上不断发生的普遍现象，反映出民族交往中自然融合的大趋势，因而显得十分珍贵。不同民族成员生活在同一家庭中，通过共同的经济、文化生活，在语言、习俗、心理等方面互相影响，互相渗透，逐渐融合成一体。这种族际婚姻是民族间密切交往的自然结果，加深了各民族之间的密切关系，有利于统一的多民族国家的巩固和发展。今天，随着社会的高速发展，各民族会有更加广泛深刻的交流，相互融合会更为显著，我们应该正确理解和加强民族间的自然交融，为促进民族团结、增强国家凝聚力作出自己的贡献。

（原载《光明日报》2022年8月1日）

加深对中华民族融合与国家统一的认识

中国自古以来就是一个统一的多民族国家，各民族为祖国的缔造与发展都作出了重要贡献。中国的历史是各民族共同发展、共同前进的历史。用马克思主义历史唯物主义观点来观察和分析中国历史上的民族关系，可使我们更深刻地理解 2023 年 6 月 2 日习近平总书记在文化传承发展座谈会上的重要讲话精神，加深对"中华民族各民族文化融为一体""国家统一永远是中国核心利益的核心"的认识。

各民族密切交往并互相依存

中国的地势西高东低，具有整体性。西面的青藏高原一带，海拔在 4000 米以上，中部的蒙古高原、黄土高原、云贵高原等地，海拔 1000~2000 米，东部为平原及沿海一带，显示出复杂多样的地形。在这样阶梯状的地形下，大多数河流自西向东流淌，也形成大体上西北干燥，东部比较湿润的气候特点。中原地区优渥的自然条件，使人类社会发展较快，经济、文化一般处于先进水平，并带动其他地区协同发展。

先秦时期，中原地区汉族的前身华夏族从黄河中下游延伸发展，逐步扩大范围；少数民族先民在北部、西北、南部发展，在中国历史舞台上也崭露头角。秦朝建立了更大范围的王朝，北部、西部都有较大势力的少数民族。汉朝将秦朝的郡县制扩大到少数民族地区，大力沟通西域，设西域都护府；征服夜郎，设犍为郡；封滇王，颁滇王印。以因俗而治的方法管辖少数民族地区，形成了各民族密切交往、相互依存的局面。史学鼻祖司马迁在《史记》中为匈奴、南越、东越、西南夷、大宛等都写了传记，将少数民族纳入中国历史撰著中。可见在两千多年前，中国各民族早已结为一体，真实地展示出中国各民族都属于中国的事实。这一基于事实的深刻认知，绳绳继继，一直延续至今，造就了中国是一个统一的整体这一传统理念。

中国各历史时期出现不同类型的格局，其中有以汉族为主体的统一王朝，如汉朝、唐朝；有以少数民族统治者为主建立的统一王朝，如元朝、清朝；还有多民族王朝并立的局面，如南北朝时期，宋辽夏金时期。在统一时期，中原地区经济、文化快速发展，带动周边少数民族协同进步，社会发展稳定，促进了"天下一家"的认知。在多民族王朝并立时期，仍以中原地区王朝为中心，各王朝都以正统自居，往往尊华夏为始源，以"德运"相承继，强调对中国的认同。但是，王朝之间的对立和征战，影响了社会稳定，消耗了大量社会资源。

各民族关系愈益紧密

在中国长期的历史进程中，经过政治、经济、文化诸方面愈来愈密切的接触，各民族形成了一股强大的内聚力。尽管历史上各民族之间既有友好交往，也有兵戎相见，历史上也曾不断出现过统一或分裂的局面，但各族之间互相吸收、互相依存、逐步接近，共同缔造和发展了统一的多民族伟大祖国。

随着历史社会的发展，汉族发展迅速，居住地域逐渐扩大，全国各地都有汉族居住，人口越来越多的汉族以其先进的政治、经济、文化实力，更加突出地表现出中华民族的主体地位，显示出在统一国家中的中坚力量，始终起着压舱石的稳定作用。不少少数民族接受中原地区的成熟经验，保留并发扬民族特色，不断前进，发展为当代的少数民族。历史上也有一些少数民族，包括一些影响比较大的民族，如匈奴、鲜卑、契丹、党项、女真等民族，先后融合到其他民族中，主要是融入汉族中，成为已经消亡的古代民族。

各民族在长期交往交流交融中，关系愈益密切，特别是在民族之间的交界地区，形成大杂居、小聚居的态势，族际通婚、双语现象非常普遍。这种民族之间的深度交流，构成了你中有我、我中有你，情同手足、密不可分、血肉相连的态势，形成中华民族多元一体格局，显示出中国突出的统一性。

在特殊的自然地理环境下，中国形成了各民族、各地区既有密切联系，又各具特色的经济文明形式。中原地区农耕经济发达，周边的少数民族发展了游牧、渔猎、山地经济。中原地区的农产品、丝绸、茶叶、手工业品不断输入少数民族地区，而少数民族地区的畜牧产品、特有的工艺品不断输入中原地区。这些文明形式又往往相互杂糅渗透，形成混合类型的文明。各民族结成一体，使中国物质文明和精神文明更加丰富多彩。

中国各民族之间在文化方面相互学习、互相借鉴，对中华民族文化表现出高度认同。特别是中原地区的先进文化为少数民族地区广泛接受，其中以儒学对各民族影响最深。中原地区科技发展，手工业兴盛，建筑、印刷术、瓷器等为少数民族学习、接受。少数民族在历法、医学等方面，也作出了特殊贡献。中国各民族以自己的勤劳和智慧，互学互补，互相依赖，形成难以分离的整体。

各族人民勠力同心保卫祖国

中国各族人民居住、生活的土地都是中国领土不可分割的一部分，维护国土完整、国家稳定、民族凝聚、文明传承是各族人民的共同信念。在中国历史上，不少志士仁人为维护祖国统一和领土完整作出了突出贡献。特别是近代在反对帝国主义侵略的斗争中，各族人民勠力同心，勇敢参加保卫祖国的斗争。

鸦片战争时期，中国军民奋起抵抗，揭开了近代中国人民反抗外来侵略的历史新篇章。其中，少数民族也英勇地参加了战斗。一支两千余人的藏族队伍，开赴浙东，抗击英国侵略军窜扰浙江沿海，很多战士壮烈牺牲。另一支藏族部队，参与了宁波附近的大宝山战役。

第二次鸦片战争中，清朝的蒙古族骑兵在北京东部的八里桥抗击进犯的英法联军，英勇战斗，很多将士壮烈牺牲。

在法帝国主义发动的侵略中国和越南的中法战争中，壮族、汉族、瑶族人民组成的黑旗军，首先抗击侵略者，后来有白族、彝族很多将士的滇军也参战斗。

日本侵占台湾后，高山族人民和汉族人民一道，共同抵抗日本侵略者。在扼守曾文溪的战斗中，有700余名高山族壮士英勇参战。这期间，台湾人民击毙、击伤日军三万多人。

八国联军进攻北京时，以回族为主的一支清军部队与友军一起到廊坊抗敌，奋勇打退敌人的进攻。当沙俄单独派兵侵占中国东北的海兰泡时，一支由500名鄂伦春官兵组成的马队，与俄兵交战，给气势汹汹的沙皇侵略军以迎头痛击。

1904年，西藏阿里地区受到来自英国支持的克什米尔武装侵略。大批英军包围我江孜守军时，藏族官兵誓死捍卫每一寸土地，表现出藏族人民捍卫祖国领土完整的坚强决心。由前藏、后藏派出的三千余藏军，与入侵者奋战三天，全歼敌军主力，给入侵者以有力打击。

抗日战争时期，全国各族人民同仇敌忾、团结对敌。中国共产党赤胆忠心、力挽狂澜，组织民众，始终坚持抗日。1932年，建立了东北抗日联军，很多朝鲜族、满族同志参加。白族共产党员周保中参加组织领导抗日民主联军，立下了不朽功勋。在内蒙古地区乌兰夫等同志发动蒙、汉各族人民抗日救亡，组织抗日武装，创建蒙旗独立混成旅。在河北，有马本斋率领的回民支队。在陕甘宁边区，正式组成了回民抗日骑兵团等。当时，全国有数十支回族武装部队，他们都是八路军、新四军的一部分。

中华民族融为一体

中国在历次保卫祖国统一的斗争中，特别是近一百多年来反抗帝国主义侵略的斗争中，反映出各族人民维护祖国统一的坚强意志，表现了各族人民的大团结，突显出各民族之间的血脉相连，涌现出大批为国家、为民族献身的各民族优秀儿女。他们是祖国核心利益的坚强守护者，他们义薄云天、气壮山河的壮举成为各族人民宝贵的精神财富，他们作为中华民族的英雄将流芳万古。

各民族对中华民族的高度认同，将各民族的思想、理念融为一体，深植了中华民族的文明基因，加深了各民族的共同体意识，筑牢了中国统一的基础。中国的历史证明，各民族的团结、国家的统一是各族人民的生命和最高的核心利益。

我们应牢记历史，树立正确的中华民族历史观，坚持蕴含在优秀中华传统文化中的民族团结进步思想和维护国家统一的正确理念，增强中华民族共同体意识，赓续中华文明血脉，维护国家统一。这是中国各族人民不可动摇的意志和庄严神圣的使命。

（原载《中国社会科学报》2023年7月19日）

弘扬中华文明的包容性，促进各民族交往交流交融

习近平总书记在文化传承发展座谈会上强调，"中华文明具有突出的包容性，从根本上决定了中华民族交往交流交融的历史取向，决定了中国各宗教信仰多元并存的和谐格局，决定了中华文化对世界文明兼收并蓄的开放胸怀"。我国是一个统一的多民族国家，各民族都为中华文化的形成和发展作出了重要贡献。用历史唯物主义观点分析我国历史上的民族关系，有助于更深刻地理解习近平总书记的重要讲话精神，加深对各民族共同赓续中华文明血脉的认识，大力弘扬中华文明，促进各民族交往交流交融。

民族政策包容趋同，社会习俗共性提升

五千多年的中华文明，是中华各民族共同创造的。中原王朝以其较为先进的政治制度、经济和文化发展水平，发挥着主体作用。历史上，中原王朝对民族地区实行过不同类型的政策，显示出突出的包容性。较早时期，中原王朝对民族地区实行因俗而治的政策，至唐代推行羁縻政策，曾设置

800多个羁縻府州。宋元时期由羁縻制度向土司制度过渡，至明清时期实行改土归流政策，由中央政府实行更为直接的管理。可见，随着时代的推移和社会的发展进步，各民族交往越来越深入，交流不断加强，中央王朝逐渐扩大管辖范围，与民族地区的关系日趋紧密。中国历史上对民族地区的管理政策及其变化，暗合历史发展的必然轨迹，体现了中国社会包容的智慧。

历代中央王朝把各少数民族逐步纳入政治管理体制，以不同形式、不同层次实行中央政府的官制。即便是在王朝分立的辽宋夏金时期，各王朝都以"德运"之说认同中国的帝统，将自己纳入中国范围之中。可见，无论在统一时期，还是政权分立时期，各民族都共聚于一个中国之内。先进的文化随着民族间的交流，不断被各民族继承和弘扬。各民族在交往交流交融不断深入的过程中，在传承和保留一定民族特点的同时，共性越来越多。

历史经验证明，各民族只有互相交流、互相吸收、互相依存，才能促进各民族共同进步和发展。中华各民族之间越来越密切的来往、政治的趋同、共性的提升，是各民族发展的需要，是历史发展的必然，是中华民族统一性和包容性的重要表现。

经济多样互补，谁也离不开谁

在中国特殊的自然地理环境中，形成了各民族、各地区既密切联系又各具特色的经济文明形式。在中原地区，以黄河、长江流域为主的农耕经济逐步发展。在周边地区，少数民族开拓边疆，发展游牧、渔猎、山地经济，作出了重要贡献。这些经济文明形式又往往相互杂糅渗透，形成混合类型的文化。

中原地区先进的农耕技术传到一些宜农的民族地区，使一些少数民族由原来单纯从事畜牧业逐步转变为经营农业，中原地区的稻、粟、黍等农作物不断传到民族地区。中原王朝还通过屯田戍边，推动边疆地区农业生产。少数民族发达的畜牧业提供了大量畜牧产品，如牲畜、皮毛等。很多少数民族把当地盛产的农作物品种和种植方法传播到全国各地。

中原地区科技发展，手工业兴盛，建筑、印刷术、瓷器等技艺为少数民族学习和使用。各民族以自己的勤劳和智慧，互学互补，互相依赖，形成不可分割的整体。这种情况随着各民族经济的发展而日趋明显，即便是在几个王朝分立的时期，这种经济一体化趋势也显而易见。

货币在人类经济社会生活中占有重要地位。自秦汉时期，中原王朝便发挥主体经济优势，统一货币，促进了全国各地经济发展和密切交流。西汉创制发行圆形方孔的五铢钱，不仅使用时间很长（东汉、蜀汉、魏、晋、南齐、梁、陈、北魏和隋朝都铸五铢钱），而且在民族地区也广泛流通使用，在宁夏、新疆、广西、云南、贵州、四川等地，都出土过五铢钱。三国两晋南北朝和辽宋夏金时期，各少数民族王朝大多直接使用中原王朝货币，有时虽自制货币，但也采用中原货币的形制，且流传不广。这体现出中原王朝在政治、经济、文化各领域的引领性和主流地位，以及对民族地区的强大影响力。清代，在全国流行的汉文、满文合璧钱币突显了汉文的地位，反映出中华文化多元一体，显示出中国历史上在经济方面的多样性、互补性和突出的包容性。

密切文化交流，传承中华文脉

中华各民族在文化方面相互学习、互相借鉴，对中华文明表现出高度认同，特别是中原地区先进文化为民族地区广泛接受，其中以儒学对各民族影响最大。

在长期历史发展中，以儒学为代表的中华传统文化，对加强全国各地各民族的思想共识、维护国家统一和社会稳定起着基础性作用。儒学思想本身就具有兼收并蓄、和合共生的包容性。儒学不仅是中原各王朝统治的思想文化基础，也深刻地影响着各少数民族。儒学经书宣扬仁、义、礼、智、信、忠、孝等思想，成为各民族共同学习、传承的精神财富。大量的汉文史书，不仅记载各民族的历史，也贯穿了儒学精神。少数民族为了加快自身发展，满足各民族之间交流的实际需要，都努力学习借鉴中原地区的先进文化，修习儒学和史学典籍。

北魏王朝实行汉法，直接用汉文儒学经典推行儒学，为北魏政权的建立和巩固提供了以儒家文化为核心的政治思想基础，促进了各民族融合。

唐朝时期，吐蕃赞普松赞干布与唐朝加强友好往来，迎娶文成公主，并将文成公主入藏时带去的儒学典籍译为藏文，对西藏地区吸收中原文化起到了推进作用。

宋辽夏金时期，以汉族为主体的宋朝发展儒学，完善科举制度。以少数民族为主体的辽、夏、金朝，无一例外地继承儒学，翻译儒学典籍和中原王朝的史书，大力传承中华优秀传统文化。西夏仁宗于人庆三年（1146）尊孔子为文宣帝，这是中国对孔子最崇高的尊号，证明在西夏已将中华主流文化视为最重要的社会思想。

元世祖忽必烈尊儒兴学，倡导蒙古贵族子弟学习儒家经典，接受汉文化教育。当时翻译了很多经书、史书，这些译著广泛传播了中原地区的先进文化。

清朝十分重视儒学，不仅大量刊印汉文本经书、史书，还专设翻书房，将汉文典籍翻译成满文。清朝还将经书编纂成满文、汉文合璧文本，便于各民族对照学习。康熙年间刻印的满文、汉文合璧"四书"，成为当时最畅销的坊刻书。

隋唐时期实行科举制度以后，这种以"四书五经"为标准内容，通过考试选拔人才的方法，为此后各王朝继承。从宋辽夏金至元明清，科举制度赓续不断，中国封建社会的主流思想通过考试规范贯彻到各地，实现了思想教化的统一。

少数民族在接受儒学的同时，也都各自保留了本民族优秀传统文化，丰富了中华优秀传统文化。这真实地反映出各民族文化方面的深度交流，同时也证实了中华文明的包容性。

各民族通过长期的密切交流，在思想理念上逐渐融汇，扩大了中华民族主流文化的影响，深植了中华民族的文明基因，显示出中华文明海纳百川的包容性。要深刻认识中华文明的包容性，促进各民族交往交流交融，铸牢中华民族共同体意识。

　　（原载《中国民族报》2023年7月25日）

西夏文中的中华文明

西夏文是宋辽夏金时期西夏王朝创制的文字，记录西夏统治民族党项族的语言。西夏灭亡后，党项族与其他民族融合的步伐加快，于明清之际消亡，融入汉族及其他民族之中，西夏文便成为无人能识的死文字。20世纪初以来，在内蒙古黑水城遗址、甘肃武威、敦煌，宁夏贺兰山等处陆续出土了大量西夏文文献。百余年来，国内外专家不断解析文字，译释文献，取得了巨大进展，催生了西夏学的形成和发展。西夏文及其文献是中华优秀传统文化的组成部分，其中蕴含着丰富的中华文明元素，揭开西夏文密码，寻根探源，认真梳理、发掘，展示其中蕴含的中华传统文化内涵，意义深远。

借鉴汉字创制西夏文，翻译典籍弘扬中华文化

西夏文是西夏立国前仿照汉字创制的，与汉字一样，属表意性质的方块字，由横、竖、点、拐、撇、捺等笔画构成，自上而下成行，自右而左成篇。其文字构成受到汉字"六书"影响，有规律可循。《宋史》记载西夏文"字形体方

整类八分，而画颇重复"。八分体是汉字隶书体的一种形态，乍一看西夏文文献，和汉文极为相近。在少数民族古文字中，西夏文是最接近汉文的一种。

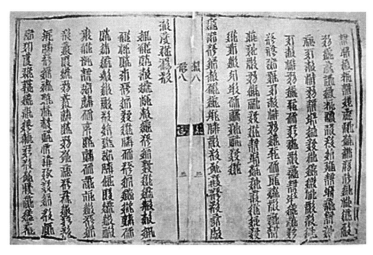

西夏文刻本《论语》

　　西夏文创制的一个重要作用是翻译汉文著述，在西夏传播中华文明的精粹。据文献记载，西夏文创制后，便"译《孝经》《尔雅》《四言杂字》为蕃语"，所谓"蕃语"即指西夏语。西夏始终从中原地区源源不断地吸收中华文化。第二代皇帝毅宗向宋朝"求'九经'《唐史》《册府元龟》"，宋朝赐予的"九经"包括《易经》《书经》《诗经》《左传》《礼记》《周礼》《孝经》《论语》《孟子》，为中华文化中重要儒学经典的总汇。西夏早期重视儒学可见一斑，而宋朝也乐得赐予，这既是友好往来，又可对属国进行教化。从出土的西夏文文献可知，西夏时期翻译了多种儒学典籍。如《论语》《孟子》《孝经》等都有西夏文译本。此外还翻译了史书《十二国》《贞观政要》，兵书《孙子兵法三注》《六韬》《黄石公三略》《将苑》，类书《类林》等。

　　西夏人不仅翻译、学习儒学经典，还能应用于实践。如在汉文和西夏文对照的词语集《番汉合时掌中珠》中，就有审理案件时引用《孝经》的内容。西夏仁宗时期的宰相斡道冲是一位党项族儒学大师，他不但翻译中原地区的《论语注》，还加以发挥阐述，撰写论语解义二十卷，名为《论语小义》，卓然一家。他又通晓《易经》，著有《周易卜筮断》。可见西夏文起到了传播、弘扬中华优秀传统文化的桥梁作用。

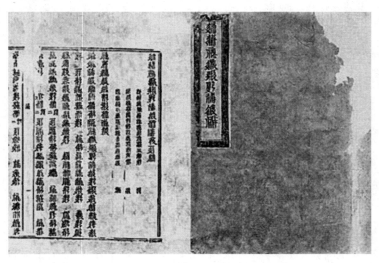

西夏文木活字本《吉祥遍至口合本续》

有的汉文典籍译为西夏文后，在中原地区此种文献却失传了，保留下来的西夏文本就起到拾遗补阙的作用。如《孝经》有多种注本，其中宋朝吕惠卿所注《孝经》就未能传之后世，西夏文本《孝经》则比较完整地保存了吕注《孝经》，可据此重拾遗珠。《类林》是唐代的一部重要类书，分类记古人事迹，以儒家思想做褒贬。西夏时期《类林》被译成西夏文，并刻印出版。此后，中原地区汉文本《类林》失传。西夏文本《类林》的出土，使后人得以重见《类林》原本内容，补充了阙失。

记录西夏历史文化，赓续中华文明

西夏不仅在创制文字初期就翻译了中原地区的词典鼻祖《尔雅》，后来还仿照汉文经书小学类典籍编纂西夏语的字典、辞书和蒙学著作。如西夏文《文海宝韵》兼有汉文《说文解字》和《广韵》的特点。西夏文《五音切韵》则参照了中原地区等韵的韵图和韵表。西夏文《碎金》模仿汉文《千字文》，将1000个不重复的西夏常用字编成了五言诗，描摹西夏社会生活的实际情景。西夏文《三才杂字》也仿照中原地区蒙书，分门别类地编排西夏语常用词语。

特别值得提出的是《番汉合时掌中珠》，书中序言明确提出"不学番言，则岂和番人之众；不会汉语，则岂入汉人之数"。明确主张民族间要通过掌握不同语言，深入交流，和合共处。书中分类编辑西夏文和汉文对照词语，每一词语都有四项，中间两项分别为西夏文和相应意义的汉文，左右两项分别为中间西夏文和汉文相应的译音字。这是一部精心编纂的党项人和汉人互相学习对方语言文字的工具书，也是最早的双语双解四项词典，在辞书编辑、出版史上具有重要地位，为中华文明增光添色。

西夏还受《尔雅》影响，编纂了大型西夏类书《圣立义海》，分门类记录西夏自然状况、社会制度、生活习俗及伦理道德等词语，每一词语下有双行小字注释。还编纂了西夏谚语《新集锦合谚语》，共收364条谚语，每条谚语由字数相等的上下两联句子组成，内涵深邃，富有哲理性、教化性。

西夏文化典籍，既借鉴吸收了中原文化典籍中的优秀成果，赓续了中华文明，又显示出民族特色，丰富了中华民族的文化遗产。

继承中华法系，效法中原社会文书

在已发现的西夏文世俗著作中，全面反映西夏法律、社会的西夏王朝法典《天盛改旧新定律令》（以下简称《天盛律令》）最引人注目。此法典共20卷、150门、1461条，是中国中古时期的一部综合性法典。因记载西夏社会的汉文资料十分稀少，西夏往往被称为"神秘的王朝"。《天盛律令》是记载西夏社会最全面、最集中、最重要的典籍，为西夏历史、社会的研究开创了崭新局面。《天盛律令》从形式到内容都受到中原王朝成文法《唐律疏议》和《宋刑统》的重大影响。此法典既取中原王朝法典之长，又依据西夏实际有所创新，形成了自己的特点，为中华法系的传承和发展作出了显著贡献。此外还有西夏文写本《亥年新法》《法则》，以及军事法典《贞观玉镜统》等法律著作。

　　出土的西夏文献中还有大量的户籍、账册、契约、军籍、告牒、书信等社会文书，有1500余件，比敦煌石室所出经济文书的数量还多。这些文书多仿照中原地区相关文书的程式，如契约包括立契时间、立契者姓名、契约内容、违约处罚，最后有立契者、证人等签名画押。这些反映西夏社会实际状况的原始资料，对研究、认识西夏社会具有极高的价值。其中有的文书还有特殊的文献价值，如西夏文军籍文书记载了基层每年登录军人及装备的具体状况，是中国古代保存至今的军籍文书实物，有特殊的文献价值。又如西夏文的户籍和契约中都记录了西夏时期不同民族通婚的事实，是历史上民族融合的重要见证。

　　出土的西夏文献中还有移植或参考汉文医书的医方。源于中原历法的西夏文和汉文合璧的历书，则连续80多年，是中国历法史上鲜见的历书原件。

传承中华科技成果，弘扬中国活字印刷

　　印刷术是中国古代科技史上的四大发明之一，对中国乃至世界文化发展起到了重要推动作用。印刷术包括雕版印刷和活字印刷。宋朝沈括在其所著《梦溪笔谈》中记载了毕昇发明和使用活字印刷的实况，但活字印刷实物没有传承下来。前些年，一些国外的专家质疑中国活字印刷的发明，也往往以此为口实。

在出土的西夏文印刷品中发现了多种西夏文活字版实物。如在甘肃省武威市发现的西夏文《维摩诘所说经》具有早期泥活字印刷的诸多特点，是泥活字印刷品。在宁夏贺兰山方塔中发现的西夏文《吉祥遍至口合本续》九册，除版面有木活字印刷特征外，在文中标示页码的汉字中，形近的字如"二""四"等有倒置现象，系活字印刷中不经心错排所致，更能确认为活字印刷品。在黑水城发现的文献中还有西夏文"活字"二字。多种西夏文活字印刷品的面世，确认了与宋朝同时的西夏不仅效仿中原地区的泥活字印刷，还进一步成功使用了木活字印刷，为中国发明活字印刷术提供了确凿证据，得到国内外学者的肯认，维护了中国首创活字印刷的地位，突显了中华文明的创新性。

翻译汉文《大藏经》，译介藏传佛教经典

西夏所辖领土为宋朝旧地，有信仰佛教的基础。在同时期的宋朝、北部的辽朝和西部的回鹘、吐蕃都信奉佛教的氛围下，西夏也在境内大力推行佛教。西夏立国前后曾6次向宋朝求取汉文《大藏经》。另外一个重要举措就是以宋朝所赐《大藏经》为底本，翻译成西夏文《大藏经》。西夏皇室聘请高僧，组织译场，开启大规模的译经事业，其间惠宗皇帝和皇太后曾亲临译场。中国国家图书馆所藏一部出土于宁夏的西夏文佛经中，存有一幅珍贵的译经图。其中用西夏文标识出上部主译者白智光及助译者的姓名，下部标识出皇帝、皇太后的名称。中国自佛教传入后，历朝不断开设译场

译经，但保留下译经图的只有西夏这一幅。《西夏译经图》形象地展示出中国古代译经的场景，具有独特的文献价值。据西夏文献记载，西夏自第一位皇帝元昊称帝当年开始译经，经过53年的时间，历经四代皇帝，共译3579卷佛经，形成西夏文《大藏经》。

中国国家图书馆藏《西夏译经图》资料图片

已出土的西夏文文献中，佛经为最大宗，共有400余种，数千卷册。其中，除汉传佛经外，还有译自藏文的藏传佛教经典。西夏任用藏族僧人与党项族、汉族高僧共同翻译藏传佛教经典，第一次将藏文经书翻译成另外一种民族文字。

西夏时期翻译、传承汉文《大藏经》，请回鹘僧人白智光等主译西夏文《大藏经》，并译介藏文佛经，这种多民族的融通合作，交相辉映，是中国多民族文化密切交流、共同发展的一个缩影，在中国佛教发展史上写出了浓墨重彩的一笔，也从侧面显示出中华文明突出的包容性。

总之，从西夏文及其文献可以看到，其中蕴藏着丰富多彩的中华文明内涵。由此还可深刻认识到，中华文明光辉灿烂，源远流长，泽被民族地区，在各民族中不断凝聚认同，弘扬发展，成为各民族共同的精神文化资源，彰显着中华文明突出的统一性。

（原载《光明日报》2023年8月14日）

重视满文文献　推动清史研究

　　清朝建立后，使中国这个多民族国家的统一进一步巩固和发展。清代奠定了现在中国各族人民所共有的疆土，中国各民族完全统一于祖国版图之中。清朝统治者遵循、继承了中国历代统治者编纂官修史书的传统，使大量史书问世。如清朝按照中国后朝修前朝历史的传统，编纂《明史》；又如沿袭唐代以来的旧制编修本朝历代实录，形成4433卷的《清实录》；再如继承中国编修方志的传统，继《大明一统志》之后，清朝康熙、乾隆、嘉庆年间，先后三次修《大清一统志》。清朝既着力汉文史籍的编纂，又十分重视少数民族文字史书的编修，特别是作为统治民族满族文字史书的编纂，得到更为特殊的重视。

一、清朝纂修的满文历史文献及其价值

　　满族是清朝的统治民族，其领袖努尔哈赤不仅是一个马上取天下的开国皇帝，也是一个注意文治的君主。他于明万历二十七年（1599）二月下令创制记录满语的文字，对满族的文化发展起到了十分重要的作用。

最初，以蒙古文为基础创制的满文被称为"老满文"或"无圈点满文"，由于其本身的局限，只通行了三十余年，至天聪六年（1632）皇太极命对这种文字加以改进，史称"新满文"。满语文在清代被定为"国语""国书"。清代在使用汉文的同时，用满文翻译了很多书籍，纂修了大量图书，形成了大批档案，此外还有许多碑铭等亦用满文，其中包括大量价值很高的史书及其他历史资料。

1. 用满文翻译历史文献，借鉴治理国家经验

从努尔哈赤时起，便重视历史，发挥其经世致用的作用，非常注重从汉文历史文献中寻求治世的经验和方法。当时选用文人建立了"书房"机构（后称"文馆"）。文馆主要有两个职能，一是记录当朝政事，二是翻译汉籍，其中包括不少史书，先后译成满文的史书有《资治通鉴》《三国志》《刑部会典》《礼部会典》等。后来皇太极将达海所译《三国志》和"四书"各一部"颁赐耆旧，以为临政规范"。清朝入关后，为适应汉籍满译工作的需要，专设翻书房，直到咸丰年间仍有此机构。顺治三年（1646）刊印了满文《辽史》《金史》《元史》，这是清入关后首次刊印的满文图书。这些史书的翻译和刊印，反映了当时清朝统治者急于借鉴历史上少数民族为统治者的王朝的统治经验。

清皇室甚至把演绎历史的著作《三国演义》也看成可资借鉴的历史文献，努尔哈赤时期就由著名文臣达海进行翻译。入关后，摄政王多尔衮下谕旨，由大学士祁充格领衔，查布海等满族文臣等对此书重译，祁充格、范文程、刚林等满汉官员总校。清朝入关前后，两次翻译《三国演义》，实

以此书为可以参考借鉴的史书和兵略。

当时还请人将一些重要经、史书籍编成教材，刊印流行，如康熙年间成书的满文《日讲四书解义》《日讲春秋解义》等书。顺治三年（1646）还刊印了内国史院大学士刚林奉敕翻译的满文《洪武宝训》（一名《洪武要训》）。这些书籍的编纂也体现出清朝统治者学习儒家治国理念，吸收历史经验的用心。

2.继承中国历史传统，用满文记录当代史实

清朝在学习、翻译中国传统历史文献的同时，注重用满文记录当时的史实。开始用老满文记录了大量上谕、公文、函件等档案文献，这就是后世称之为《满文老档》《国史院档》等的历史资料。这些历史资料，反映了满族在关外的社会生活，其中许多史料为汉文文献所不载，对研究满族早期的政治、经济、军事、文化、宗教及语言文字等方面具有重要意义。这些在关外用满文撰写的文献属于官方档案，只有稿本、抄本传世。《满文老档》的原档及后来抄录的底本、正本均藏内阁大库，现原档在台北故宫博物院，乾隆时期抄录的底本与正本在北京中国第一历史档案馆。上书房本后下落不明，估计已毁于战火。小黄绫本抄好后于乾隆四十五年（1780）送盛京崇谟阁存储，现由辽宁省档案馆收藏。

《满文老档》具有珍贵的历史文献价值。清王朝入关前的文献很少，后代官修的历史文献如《清太祖实录》《清太宗实录》等对一些历史事件的记载有隐讳增饰之处。而《满文老档》的原档对当时历史事件的记录则较为详细、准确，更符合客观历史实际。

清代官修图书承袭明制，仍由翰林院负责编撰。翰林院职掌论撰文史，下设典簿、待诏两厅。翰林院附属机构有庶常馆、起居注馆、国史馆等。翰林院官员除大量的汉族文人外，还集中了一批满族官员和文人，参与满文或满汉文图书的编撰。

顺治时期以皇帝的名义撰写、编纂了一批宣扬儒家思想、有关历史的书籍，并往往以满汉两种文本同时刊印，如顺治十年（1653）的《劝学文》，顺治十二年（1655）的《御制人臣儆心录》《资政要览》《劝善要言》，顺治十四年（1657）的《御纂内政辑要》等，多是以史为鉴的典籍。

康熙年间是编纂历史典籍的繁荣时期。康熙皇帝具有相当高的文化素养，融满汉两种文化为一体，提倡经学、史学、文学，不仅按例编修《实录》《圣训》等书，还组织编纂经、史、文等方面的书籍。康熙认为"一代之兴，必有一代之治法"，于康熙二十三年（1684）下令编撰《清会典》，至康熙二十九年（1690）完成。全书共162卷，所载内容自崇德元年（1636）起至康熙二十五年（1686）止。《清会典》是清朝典章制度最基本、最重要的纲领性政书体官书，乾隆帝称之"于国家之大经大法，官司所守，朝野所遵，皆总括纲领，勒为定书"。此部行政法规大纲，保存了大量史料，并为以后的修典奠定了基础。

康熙时期修纂的重要满文政书还有康熙九年（1670）的《大清律集解附例》，康熙十九年（1680）的《刑部新定现行例》，康熙二十五年（1686）的《太祖圣训》，康熙四十八年（1709）的《亲征平定朔漠方略》等。这些政书在当时有很强的实用性，并为康熙后各朝提供了典范。

乾隆时期是满文史书编纂的鼎盛期。当时继续编纂刻印太宗、世祖、圣祖和世宗等历代皇帝的《圣训》。除世宗的《圣训》为乾隆五年（1740）编纂外，其余几位皇帝的《圣训》早已编就，于乾隆年间陆续刊印。这一时期加强了政书的修纂。最有代表性的是《大清律例》的修订，《大清律例》最初制定于顺治三年（1646），因时间所限，只能"详译明律，参以国制"来应急。康、雍两朝，屡加修订，经过近百年的总结、完善，到乾隆五年（1740）命大臣对清律详悉参订，重加编辑，并以满汉两种文本刊布。其后又陆续刊布了《大清律续纂条例》《大清律续纂条例总类》。

《大清会典》是乾隆时期修订的另一部规模宏大的政书。《大清会典》最初成书编纂于康熙朝，雍正年间又用了十年时间进行修纂，乾隆时期针对康、雍两朝所修会典中的一些讹舛疏漏，于乾隆十二年（1747）下令重修，乾隆二十九年（1764）《大清会典》《大清会典则例》满文本刊布。

乾隆一朝为了强化中央集权统治，加强了建制立法，对各项规章制度广为编纂，不断修订。除上述两部大型律典外，一批则例也相继问世，如《八旗则例》《吏部则例》《兵部督捕则例》《旗务则例》《国子监则例》等。一些则例不断修订，如《八旗则例》初刻于乾隆七年（1742），后又4次续修。则例的不断修订，反映了乾隆时期的法规制度不断补充完善，是清中央集权制度逐渐强化成熟的标志。

这一时期对于史书的编修也很重视。乾隆在即位前就熟读史书，深知"以史为鉴"的重要性，所以对史书的编修十分重视。从康熙年间开始，每次用兵之后，都要成立专门机构，将有关军事行动的谕旨、奏报编纂成集，是谓"方略"。乾隆一朝，用兵较大规模者有十次之多，乾隆因之自号"十全老人"，他仿照康熙纂修方略、纪略，译成满文的有乾隆三十五年（1770）的《平定准噶尔方略》、乾隆四十六年（1781）的《平定两金川方略》等。此外，还有用满文刻印的《宗室王公功绩表传》《大破明师于萨尔浒》《开国方略》《外藩蒙古回部王公表传》等历史著作。

清朝前期满文具有"国书"的优势地位，不仅很多满族人熟悉满语、满文，包括汉族在内的其他民族的一些人也学习、使用满文。如康雍乾三朝大臣汉人张廷玉，奉旨习满文，御试满文一等第一，"得清书奥妙"。

清代自嘉庆、道光以降，国力衰微，内忧外患日益严重，加之满族越来越多的人使用汉语、汉文，而不再用满语、满文，满语文使用范围急剧缩小，满文撰写史书便逐渐式微，最后变成一种官方的点缀。嘉庆、道光、咸丰三朝的60多年中，除依照惯例编纂刊印上一代皇帝的《圣训》外，只刻印了《理藩院则例》《回疆则例》等满文政书，续纂了《外藩蒙古回部王公表传》，此外并无新书问世。到同治、光绪时期，官方所修满文图书，大多只以稿本、抄本留存下来。从清同治年间开始，满文书在官书局刻书中极为鲜见。

3.保存大量满文档案，提供重要史料

清朝留下了大量档案资料，仅中国第一历史档案馆就收藏1000多万件。在浩如烟海的清代档案中，满文档案是重要的组成部分，约有200万件，全部或部分以满文书写，其中

包含了各式各样的史料，如奏折、谕旨、纪录、碑铭、史稿、人事记录、账目等。清政府的主要部门几乎都有满文公文书。这些档案保存了大量珍贵的历史资料，对研究清史和满族史有极为重要的学术价值。

中国第一历史档案馆收藏的大量满文档案，分别属于宫中、内阁、军机处、内务府和宗人府等机构。东北三省的满文档案存量也相当可观，辽宁省有满文档案20万册，吉林省有1500余件，黑龙江省主要是《黑龙江将军衙门档案》，起自康熙二十三年（1684），止于光绪三十三年（1907），达1万多卷。内蒙古自治区满文档案达1.6万余件，西藏自治区等地也收藏一批数量不等的满文档案，台湾一些单位也收藏了清代档案的精品，包括闻名遐迩的《满文老档》原件。

清代前期的重要文告和对外签约、行文均用满文，为代表国家的文书，如康熙年间中俄签订的《尼布楚条约》即是用满、俄、拉丁三种文字写成。清制满员上奏基本上须用满文，清初用兵时的军情奏报更是习用满文。《满文档案》具有很高的史料价值，有不少可补汉文史料的不足。

清代留下了数量可观的满文和满文与其他文字合璧的碑刻，仅中国国家图书馆收藏的北京地区满文拓片即有600多种，这些满文及满汉合璧的石刻以墓碑为主，与此相关的还有诰封碑、谕祭碑，墓主均是清代王公贵族、文臣武将，这些墓碑拓片是研究清代人物传记的重要资料。此外，还有一些庙碑、纪念碑，对清代历史研究也很有参考价值。如题名《大金喇嘛法师宝记》的碑刻，立于辽宁省辽阳市太子河喇嘛园村，刻于后金天聪四年（1630），记载了西藏喇嘛经蒙古至后金传播佛教，受到努尔哈赤的礼遇，圆寂后建塔立碑之事，是研究清开国之初宗教及民族关系的重要资料。此碑阳面为满汉合璧，满文为无圈点老满文。

在满文石刻拓片中，有些虽仅记一事一物，但从侧面反映一段历史，也很有价值。如清代有关资福院的碑刻，是康熙六十年（1721）修建的资福院竣工时，康熙皇帝为该庙落成撰写的碑文，其中记载："诸蒙古贞一乃心，恪奉藩职，协和邻部，辑睦姻亲，天必迎其善意而降之以吉祥，将见户口愈滋，畜牧益盛，朕乐与共太平，有永而勿替也。"这段话反映了当时清王朝和蒙古诸部之间和睦亲善的关系。

总之，从清朝的修史、治史这一个侧面，也可知清朝是中国历史发展的一个重要的、不可分割的历史阶段。

二、整理研究满文史料，持续推动清史研究

1911年，孙中山领导的资产阶级革命，推翻了清朝的统治，建立了中华民国。在五族共和、民族平等观念下，学术界超越了传统的华夷观念，为构建中华民族进行了系统的史书编纂。

近代新史学兴起后，新的史学编纂体例得到应用，同时，旧史学的撰述方法仍在继续。晚清和民国时期，用传统的纪传体撰写史书的有魏源的《元史新编》、柯绍忞的《新元史》、赵尔巽主持编纂的《清史稿》，这些著作中关于民族史的撰述也延续了传统的记述方式。

清朝覆亡后，清史和满族史研究开始了一个崭新的阶段，很多学者涉足这一研究领域，相关著述层出不穷。

1. 民国时期对满文文献的整理、翻译

辛亥革命后不久，关于清史和满族史的研究除利用汉文史料外，重要满文文献《满文老档》引起了学者的重视。1916年满族学者金梁，延请满汉学者十余人将《满文老档》译成汉文，二载始脱稿，分装百册。后从中抽出一部分发表，题为《满文老档秘录》。其余译稿后散佚。故宫博物院张溥泉后来从沈阳的旧书摊上购得其中二十六册，以《汉译满洲老档拾零》之名，连载于1933—1935年的《故宫周刊》上。这两种老档译本互相参照，是研究清史、满文史学者的重要史料。

1933年，李德启将北京图书馆和故宫博物院的满文藏书进行整理，合编成《满文书籍联合目录》，由国立北平图书馆、故宫博物院图书馆出版，收入满文图书419种。

1936年有两篇研究《满文老档》的论文，同时发表在《文献论丛》上，一篇是李德启的《满文老档之文字记史料》，另一篇是张玉全的《述满文老档》。两文都将无圈点老档和有圈点老档进行比较，揭示了《满文老档》的史料价值。

2. 当代对满文历史文献的整理、翻译和利用

中华人民共和国成立以后，少数民族语言、文字的使用备受重视，对历史上使用过，并留存下历史文献的各民族文字资料，陆续进行整理和研究。

近代使用满语的人越来越少，懂得满文者更是微乎其微。开展满文文献整理、翻译和研究，需要培养精通该文种

的专门人才。中华人民共和国成立后，积极倡导、组织培养满文人才。1955年在故宫博物院开办满文班，由满文翻译家克敬之授课，培养了第一批满文人才。1961年中央民族学院也开设满文班，1975年故宫博物院再次举办满文班。近些年来，大陆和台湾都举办了不同类型的满文学习和培训班，培养了一批又一批满文人才。

这些满文人才在中国社会科学院民族研究所、中央民族大学、故宫博物院、中国第一历史档案馆以及东北各地的研究或教学机构工作，在编辑满文文献目录、编纂满文工具书、翻译满文文献、深入满族史和清史研究方面，取得了显著成绩，作出了重要贡献。同时，台湾大学也培养了一批能用满文治清史的学者，同样在清史研究中发挥重要作用。

新疆锡伯族使用的锡伯语、锡伯文，与满语、满文很相近。在当前满族中基本不使用满语、满文的情势下，培养懂得锡伯文的锡伯族知识分子，进行满文文献整理、研究是一条造就满文人才的捷径。多年来，国家先后培养了多位受正规满文教育的锡伯族专家积极参与满文遗产的整理编译工作，加强了满文古籍整理出版的力度，取得了显著成绩。

清史专家早就注意到满文文献对研究清史的巨大价值，并在研究中加以利用。1957年，人民出版社出版清史专家王锺翰的《清史杂考》，就使用了满文资料，此后作者又陆续出版《清史新考》（辽宁大学出版社，1990年）、《清史续考》（华世出版社，1993年）、《清史余考》（辽宁大学出版社，2001年）。如《清史新考》中《关于满族形成中的几个问题》，就引用了《满洲老档秘录》中的资料。

1980年成立中国民族古文字研究会，开始系统认识、全面介绍少数民族文字及其文献，其中包括满文文献。当年又在北京民族文化宫破天荒地举办中国民族古文字展览，用近千件文献、文物、图片向国内外展示琳琅满目的中国少数民族文字及其古籍，其中包括很多满文文献和碑刻拓本，引起学术界和社会的更多关注。1983年，中国民族古文字研究会编印过富丽辑录的《世界满文文献目录》。

1984年全国少数民族古籍整理规划领导小组成立，少数民族古籍工作走上了更为有组织、有计划的轨道，民族古籍整理、研究呈现出蓬勃发展的局面，对相关民族史的古籍的整理、翻译和校勘，以及古籍编目，取得了长足的进展，其中包括满文古籍，对推动民族史的研究作出了突出贡献。

1985年，中国人民大学清史研究所译《盛京刑部原档——清太宗崇德三年至崇德四年》，由群众出版社出版。其中所译72件档案，在《盛京原档》中所占比重最大，保存了从清太宗崇德三年（1638）正月至崇德四年（1640）十二月两年间刑部审理的全部案件档案，对于研究关外时期满洲法制的历史发展，具有特殊的史料价值。

1987年2月，关嘉录译、佟永功校、王锺翰审的《雍乾两朝镶红旗档》，由辽宁人民出版社出版。同年5月，关嘉录、佟永功、关照宏等译的《天聪九年档》由天津古籍出版社出版。这些重要档案的揭秘，为研究清史提供了新的有价值的资料。

中国第一历史档案馆与中国社会科学院历史所于1978年合作，成立了《满文老档》译注组，将存于中国第一历史档案馆重抄本进行译注，历时12年完成译稿，冠以《满文老档》之名，分上下两册，以手抄稿直接影印，于1990年3月由中华书局出版。

2011年，辽宁省民族事务委员会、辽宁民族出版社、中国第一历史档案馆合作完成的《内阁本满文老档》出版。选用中国第一历史档案馆保存的乾隆年间重抄并藏于内阁的《加圈点老档》，共计26函180册，采用满文原文、罗马字母转写及汉文译文合集的编辑体例，在保持原分编函册的特点和联系的前提下，重新分成20册，并将过去没有翻译的310条进行翻译，恢复了全本的原貌。

20世纪90年代，满文文献目录的编制又有了新的进展，黄润华、屈六生主编《全国满文图书资料联合目录》（书目文献出版社，1991年），收录了17个省（自治区、直辖市）48个单位收藏的1015种图书和693种拓片，是1933年《国立北平图书馆、故宫博物院图书馆满文书籍联合目录》之后，首部满文文献联合目录。

1993年，安双成以档案文献整理为目的主编的《满汉大词典》，由辽宁人民出版社出版。1994年胡增益主编的《新满汉大词典》，由新疆人民出版社出版，全书共收词34000余条，是满汉词典中的一部集大成者，是以现代语言学理论编纂的满汉对照的词典。两部词典为后来的满语文工作者提供了方便。

2005年10月，台北故宫博物院冯明珠主编，将所有40册《满文老档》原本整理编排，分订10册影印出版，全面提供了这部珍贵的满文史料。

满文文献数量很大，北京地区的中国国家图书馆、首都图书馆、北京大学图书馆、清华大学图书馆、中央民族大学图书馆、中国科学院图书馆以及中国社会科学院有关研究所等14个单位保存满文图书1700余种，约占现今存世满文图书的80%，其中包括大量历史书籍和档案。2008年，北京市民族古籍整理出版规划小组办公室满文编辑部编纂《北京地区满文图书总目》，由辽宁民族出版社出版，收录1769种满文图书和部分满文档案。若加上丛书和《清文翻译全藏经》所辑的图书、经文826种，则共计2595种。

进入21世纪后，满文著作的翻译也有新的成果。如松筠著的《闲窗录梦》系道光八年至十五年（1828—1835）作者的日记，为满文著作，由赵令志、关康译为汉文，书名为《〈闲窗录梦〉译编》，2011年由中央民族大学出版社出版。据译者考证，作者真名为穆齐贤，原书藏于日本大阪外国语大学图书馆，此书以日记形式记录了19世纪中叶北京旗人的日常生活，为当时的历史环境提供了一份真实生动的材料，对研究当时的社会历史有一定学术价值。

2007年开展全国古籍保护工作，其中有一项重要任务是在全国现存古籍中遴选、编纂《国家珍贵古籍名录》，现已由国务院批准5批，并先后出版《国家珍贵古籍名录图录》。有多种满文古籍纳入国家珍贵古籍名录：第一批有第一历史档案馆藏《清朝实录》（3782卷）等9种，第二批有故宫博物院藏《辽史》《金史》《元史》和中国国家图书馆藏《八旗满族氏族通谱》等56种，第三批有故宫博物院藏《御制人臣儆心录》和中国国家图书馆藏《八旗通志》等41种，第四批收录中国民族图书馆藏的《资治通鉴纲目》和中国国家图书馆藏的《丧葬婚嫁之仪礼》等11种，第五批收录了辽宁省档案馆存藏的历代《实录》《圣训》《玉牒》和中国民族图书馆藏的《大清律集解附例》等30种。这些史书、档案卷册保存了大量史料，皆为满文文献的精品，至为珍贵。

由清史编纂委员会编纂的《清史》也非常重视满文文献的发掘与利用，为谱写更为真实可信、更为精准的历史，多方挖掘满文史料。

近期又传来利好消息，中国第一历史档案馆所藏满文档案全文检索数据库对公众开放。这一成果凝聚着几代满文专家心血，也反映出中国的历史研究对民族文字文献的高度重视。

从以上粗略梳理不难看出，中国把包括满文历史文献在内的民族文字文献都视为中华民族文化遗产的重要组成部分，对这些文献的整理、翻译和利用十分重视，持续投入了很大的力量，并取得了显著成就。将汉文文献、满文文献、蒙古文文献、藏文文献，以及国外文献结合起来，进行深入研究，才能更有力地推动清史和满族史的研究。

随着国家对传统文化遗产保护和利用的更加重视，对历史研究的加强，满文文献的整理、翻译和利用将会开拓更新视域，取得更大成绩，在历史研究中发挥更大的作用。

（2019年7月5日在中国社会科学院民族学与人类学研究所、中国民族史学会举办的"清代统一多民族国家与中华民族共同体发展学术研讨会"上的发言）

新时代推进民族古籍整理研究工作的思考

2022年4月11日，中共中央办公厅、国务院办公厅印发了《关于推进新时代古籍工作的意见》（以下简称《意见》），强调指出"做好古籍工作，把祖国宝贵的文化遗产保护好、传承好、发展好，对赓续中华文脉、弘扬民族精神、增强国家文化软实力、建设社会主义文化强国具有重要意义"。

中国是一个多民族国家，各民族共同创造了灿烂辉煌的中华民族文化。在中国，除各民族通用汉文外，很多民族在不同历史时期创制并使用过多种文字，并形成了内容丰富多彩、数量众多的民族古籍，与汉文古籍共同构成中华民族古籍宝库。这些民族古籍深刻地反映出各民族的历史发展和民族间的交往交流交融，是中华民族优秀文化遗产的重要组成部分。在上述《意见》中多次提及少数民族古籍，可见党和政府对民族古籍工作的重视。

中华人民共和国成立以来，贯彻实行各民族一律平等的政策。在国家的大力组织下，民族文字古籍整理、研究和利用蓬勃展开，取得了很大成绩。党的十八大以来，对传承和弘扬包括中国古籍在内的中华优秀传统文化作出一系列重大决策部署，包括民族文字古籍在内的全国古籍事业取得新成就。

《意见》对全国古籍工作提出了新时代的新要求。我们应认真学习领会，在过去成就的基础上，使民族古籍的保护、整理、研究和利用工作更加繁荣发展起来。

一、提高认识　总结经验

中国的古籍十分丰厚，是中华民族优秀传统文化的重要组成部分，在世界上享有盛誉。古籍整理和研究是专业性很强的工作，也是涉及国家文化建设的大事。《意见》首先把古籍工作的意义提升到关乎国家民族精神、文化软实力的高度，具有关系建设社会主义文化强国的政治意义。同时《意见》还深刻指出：古籍工作应以社会主义核心价值观为引领，要把中华优秀传统文化的精神标识和具有当代价值、世界意义的文化精髓提炼出来、展示出来。这给古籍工作指明了方向，明确了任务，划出了重点。

包括民族古籍在内的各古籍存藏部门、整理研究单位、相关出版单位都应认真领会《意见》精神，加深认识，结合本部门古籍工作，在过去取得成就的基础上，总结经验，肯定成绩，表彰先进，同时也要找出薄弱环节和不足之处。首先要做好顶层设计和规划部署，并在此基础上，采取切实可行的具体措施，推进古籍工作跃上一个新的台阶。

民族古籍作为中国古籍的重要组成部分，具有其特殊性。历史上民族古籍流失严重，有的长期被掩埋于地下，有的未引起重视，加之懂得民族文字的人才稀缺，往往被称为"绝学"。中华人民共和国成立以后，加大了民族古籍的工作力度，取得了前所未有的成绩，但毕竟过去工作基础比较薄弱，属于新兴学科，在抢救保护、整理出版、研究利用、人才培养等方面，都还存在不少困难问题。因此，要以《意见》发布为契机，奋力推进，开创民族古籍工作的新局面，使民族古籍工作更好地发挥其弘扬中华民族文化、促进民族团结、增强中华民族共同体意识的重要作用。

二、加强保护 展示精华

根据《意见》精神，古籍存藏部门应对所藏古籍进行全面普查，做科学的定级分类，制定有效的保护措施。

过去在党和政府的领导和支持下，古籍存藏部门做了大量工作。特别是2007年1月国务院办公厅下达《关于进一步加强古籍保护工作的意见》（国办发〔2007〕6号），对全国开展古籍保护工作做了统一部署，包括民族文字古籍在内的中国古籍保护工作进入一个新的阶段。为此建立了全国古籍保护工作委员会和专家委员会，并成立了全国古籍保护中心。各省（自治区、直辖市）也相继成立了地方上的古籍保护中心。从2007年开始，在全国组织开展古籍普查登记工作，这是第一次同时包含汉文古籍和民族文字古籍的全国性的大规模普查。同时还重点开展了国家珍贵古籍名录评审工作，其中包括民族文字古籍的评审。中国社会科学院民族研究所、中央民族大学等多部门的专家被聘为专家委员会委员参加民族古籍评审。目前已出版《国家珍贵古籍名录》5批38册，共评出12000多种珍贵古籍，包含民族文字珍贵古籍1100种。①国家还对西藏和新疆的古籍保护采取了特殊照顾专项措施。在此过程中形成了《民族文字珍贵古籍入选标准》。2018年4月，成立了中国古籍保护协会少数民族古籍保护专业委员会。2018年9月17日，由国家市场监督管理总局、中国国家标准化管理委员会发布了《中国少数民族文字古籍定级》②，使中国民族古籍定级、保护工作更加科学化、法制化。

民族古籍文字种类多，总体数量庞大，存藏部门分散，保存状况复杂。与汉文古籍多数存藏于各地图书馆不同，民族文字古籍除图书馆外，还有很多保存于文物考古部门、民委系统单位、宗教寺庙，甚至还有很多藏于民间。虽经此前的调查、登录和古籍评审工作有了很好的基础，但民族文字古籍的普查率远低于汉文古籍，登录、定级等工作量依然很大。相当多的民族文字古籍保存条件较差，保护设施不完善，保护状况堪忧。而且随着民族文字古籍的普查，古籍登录数量不断增加，保护能力不足的问题越加突显。因此，要

---

①中国国家图书馆、中国国家古籍保护中心编，詹福瑞主编，李致忠常务主编，史金波、朱凤瀚副主编：《第一批国家珍贵古籍名录图录》（8册），国家图书馆出版社，2008年。至2016年共出版5批《国家珍贵古籍名录图录》，共38册。

②《中国少数民族文字古籍定级》（GB/T36748—2018）于2018年9月17日由国家市场监督管理总局、中国国家标准化管理委员会发布，2019年4月1日实施。本标准由全国少数民族古籍整理研究室、民族文化宫（中国民族图书馆）起草，主要起草人：杨长虹、史金波、吴贵飙等。

按照《意见》的要求，加强少数民族古籍整理研究部门等古籍工作专业机构的建设，对存藏单位要加强业务指导和具体帮助，改善典藏环境，增加现代化保护设施，加大财力、人力的支持。在加强专业人员参与的同时，努力发动和培养民族古籍普查文化志愿者，使更多人参与到民族古籍保护队伍中来。有些保存状况很差或存于民间的古籍要采取有力措施进行抢救性保护。

在保障古籍安全的前提下，可根据民族古籍存藏具体情况，举办全国性、地方性或专题性民族古籍展览。展览要选取精品，突出特色，要重视那些能体现优秀传统文化精神，反映民族间交往交流交融的史实，促进民族团结和维护祖国统一的珍贵文献。通过展览向公众普及古籍知识，展示古籍的价值，宣传古籍保护和研究的意义，达到增长知识，促进民族团结，增强中华民族共同体意识的作用。同时要鼓励开发有特色的民族古籍文化创意产品，使历史信息丰富、文化内涵深刻、反映民族交往交流交融的民族古籍得到更广的展示和更好的传承。

三、整理出版　夯实基础

古籍整理和出版工作是既是使古籍化身千百、对古籍保护的一种方式，又是向学术界和社会提供古籍资源的基础性工作，是古籍工作中专业性很强的一项重点任务。由于民族古籍的整理和出版需要有熟练识读民族文字的能力，所以专业性更强，工作难度更大。

1980年8月，在中国社会科学院民族研究所翁独健教授等老一辈专家的指导下，成立了中国民族古文字研究会，使中国民族古籍研究专家有了集中的学术平台，成为学科建立的重要标志。会议推举包尔汉、季羡林为名誉会长，选举民族研究所傅懋勣教授为会长。研究会由民族研究所代管。参加研究会的专家们都具备不同文种的译释能力，他们积极从事各文种的古籍整理工作，先后出版了不少各文种的古籍整理、注释和研究成果。当年10月，国家民委文化司、中国民族古文字研究会和民族文化宫联合举办了大型"中国民族古文字展览"，在民族文化宫展出20多种民族文字的一千件展品，宣传了民族古文字和古籍的价值和意义，促进了学术交流，为增进民族团结、繁荣中华民族文化作出了贡献。

1984年7月，在国务院设立由国家民委牵头的全国性民族古籍工作机构"全国少数民族古籍整理出版规划领导小组"（后更名为"全国少数民族古籍整理研究室"），民族古籍整理、研究工作走上了有组织的轨道，各省（自治区、直辖市）相继成立"少数民族古籍整理规划出版办公室"，全面开展了民族古籍整理、出版工作。此后多次召开全国民族古籍工作会议，持续推动民族古籍的整理、规划、出版和研究。1997年开始编纂《中国少数民族古籍总目提要》，这是中国第一部少数民族古籍解题书目套书，总体设计约60卷、110册。这是抢救、整理和保护少数民族文化遗产的一项重要举措。

几十年来古籍存藏部门和科研部门专家合作，对藏文、回鹘文、契丹文、西夏文、女真文、彝文、傣文、东巴文、蒙古文、八思巴字、满文、水书等20多个文种的古籍进行了整理、注释，出版了大量古籍整理著作，使很多极具价值的民族文字古籍问世。这些民族历史文化资料，为民族古籍的深入研究和发掘打下了坚实的基础，同时也丰富了中华民族古籍宝库。

1990年中国民族古文字研究会编辑出版了《中国民族古文字图录》，首次刊布大量多文种民族古籍，后又出版多本《中国民族古文字研究》和多种古籍整理资料，有力地推动了全国的民族文字和古籍研究。①2017年出版了中央民族大学张公瑾教授为名誉主编，黄建明、张铁山教授主编的《中国少数民族文字珍稀典籍汇编》共28册，收入纳西东巴文、彝文、藏文、八思巴字、傣文、察合台文、蒙古文、满文、西夏文、契丹文、女真文、水书、古壮字、古布衣文等少数民族文字珍稀典籍，囊括190余份古籍原件，大规模、系统性地对我国多民族文字古籍原件进行整理出版，具有很高的学术研究价值，为古籍出版作出了新贡献。②中国社会科学院民族研究所研究员刘凤翥经过几十年的刻苦搜集和钻研，出版了《契丹文字研究类编》，汇集了目前所能见到的全部契丹文字资料，为契丹文字学习者、研究者提供了全面、清晰的录写资料和原始资料，是一个契丹文字研究的资料库，显示出契丹文字古籍整理研究的最好水平和最新成果。③

---

①傅懋勣主编：《中国民族古文字图录》，中国社会科学出版社，1990年。

②张公瑾名誉主编，黄建明、张铁山主编：《中国少数民族文字珍稀典籍汇编》（28册），福建人民出版社，2017年。

③刘凤翥：《契丹文字研究类编》（4册），中华书局，2014年。

在注重国内民族古籍整理和出版的同时，还加大了对流失海外古籍的调查、整理和出版。如中国社会科学院民族研究所与俄罗斯科学院东方研究所圣彼得堡分所合作出版《俄藏黑水城文献》31册，使20世纪初黑水城出土、流失到俄国的大量汉文、西夏文文献再生性回归出版，有力地推动了西夏学的发展。①

民族古籍的整理出版虽然取得了很大成就，但未整理出版的古籍还很多。今后应依据《意见》精神，加强古籍整理研究和出版利用。古籍存藏部门、出版部门和研究专家要密切合作，把民族古籍出版作为重点任务安排，要统筹布局，分轻重缓急，将价值珍贵、具有中华优秀传统文化的精神标识和具有当代价值的古籍，优先整理出版，以坚持社会效益为重，进一步激发古籍事业发展活力。一种民族古籍是否能被重视，被有效地利用，当然要视其关乎重要历史文化的重要典籍的数量和价值，还要看这些重要典籍是否能科学整理出版，被学术界方便使用。综合性出版社和人文社会科学方面的出版社要落实《意见》精神，认真推动少数民族文字古籍文献整理研究和译介出版，将包括民族古籍在内的古籍出版纳入出版计划。在此过程中，一定要保障质量，注重规范，避免粗疏，防止重复，杜绝赝品。

要做好少数民族古籍的数字化工作，建设民族文字古籍

---

①俄罗斯科学院东方研究所圣彼得堡分所、中国社会科学院民族研究所、上海古籍出版社编：《俄藏黑水城文献》(31册)，上海古籍出版社，1996—2022年。

资源库，从文本查阅、抄录、统计过渡到数据驱动，使古籍里的内涵能快速、准确地被清晰地提炼和展示出来。

四、加强研究　突出重点

对古籍内容进行深入研究，对其知识和思想内涵深度开掘，得出有社会价值的创新性成果，是古籍研究的重要目的，也是古籍利用的终端结晶。

几十年来，中国民族古籍研究成果累累，其中既有对各民族古文字及其文献综合、宏观的研究，也有对各民族文字及其文献的深入解读剖析，出现了很多高水平、原创性成果，在国内外产生了广泛、良好的影响，推动了民族古籍研究和利用不断向纵深发展。

党的十八大以来，习近平总书记多次就中国优秀传统文化发表重要讲话，提出："推动中华文明创造性转化和创新性发展，激活其生命力，把跨越时空、超越国度、富有永恒魅力、具有当代价值的文化精神弘扬起来，让收藏在博物馆里的文物、陈列在广阔大地上的遗产、书写在古籍里的文字都活起来，让中华文明同世界各国人民创造的丰富多彩的文明一道，为人类提供正确的精神指引和强大的精神动力。"

近年来，民族古籍研究专家们利用民族古籍丰厚的资源，辨章学术，采集精华，古为今用，推陈出新，不断创作出传承中华民族精神、弘扬当代价值的研究论述。近年出版的《西藏通史》是由中国藏学研究中心牵头承担的国家重点科研课题，共8卷13册，集中体现了中国西藏历史研究的最新成就，其中使用了大量藏文古籍资料。①以西夏古籍为例，《民族研究》陆续刊登《西夏对中国的认同》和《西夏文献所见黄帝形象研究》等论文②，皆利用西夏文古籍，译释考证，剥丝抽茧，溯本求源，论证西夏少数民族王朝对中国的认同以及西夏参与对中华民族共祖黄帝形象的塑造，体现出中华民族共同体意识在中国历史上形成的具体过程。又比如在中国历史上以儒学为代表的中华优秀传统文化，对加强中国各地各民族的思想共识、维护国家统一和社会稳定发展起着基础作用，很多少数民族政权以民族文字为载体大力推行儒学，先后用藏文、契丹文、西夏文、女真文、蒙古文、满文等翻译了大量中原地区的儒学典籍和史书，形成了很多民族文字的中原文化书籍的译本，成为传播中华文化的桥梁，反映了各民族在文化方面的深度交往交流交融。③中国历史上还留存下众多的两种或两种以上文字合璧的文献，绝大多数是汉文和一种民族文字合璧，包括书籍、文书、碑刻、牌匾、印章、钱币、题记等。这种特殊的文化现象更加突出地表现出中国民族之间的紧密关系，折射出中华民族的内在联系，突显出中华民族多元一体的特色，具有重要的文物价值

①拉巴平措、陈庆英主编：《西藏通史》（8卷13册），中国藏学出版社，2016年。

②史金波：《论西夏对中国的认同》，《民族研究》2020年第4期。彭向前：《西夏文献所见黄帝形象研究》，《民族研究》2022年第1期。

③史金波：《古代民族文字儒学典籍彰显文化认同》，《中国民族报》2022年3月30日。

和学术价值。①

《意见》明确要求："将古籍工作融入国家发展大局，注重国家重大战略实施中的古籍保护传承和转化利用。系统整理蕴含中华优秀传统文化核心思想理念、中华传统美德、中华人文精神的古籍文献，为治国理政提供有益借鉴。围绕铸牢中华民族共同体意识，深入整理反映各民族交往交流交融历史的古籍文献，挖掘弘扬蕴含其中的民族团结进步思想，引导各族群众树立正确的中华民族历史观。"这为古籍研究深化了思想内涵，开拓了更为广阔的空间，使古籍研究大有可为。民族古籍具有如实反映历史上各民族密切关系的优势，可以挖掘出很多精彩的历史文化菁华，对弘扬中华民族优秀传统文化、培养中华民族共同体意识作出更多贡献。一般来说，难度大的研究课题，贡献也会大，因此民族古籍研究人员要根据自己的基础和能力，尽量选取难度大、价值高的古籍进行整理，如古籍中的世俗文献，世俗文献中的原创文献，原创文献中的历史、法律、类书、文学、社会文书等重要文献。

有影响的刊物，应根据《意见》精神，注意刊登对古籍有深入研究、有创新内容和观点的论文，有的刊物可开设古籍整理研究专栏。特别是有关民族文字古籍研究论文涉及民族文字，往往审稿、排版不易，阅读使用率不高。因此有关刊物更要克服困难，创造条件，努力组织、刊发认真梳理民

①史金波：《民族交往交流交融的典型例证——中国古代合璧文字文献刍论》，《中央民族大学学报》2022年第3期。

族古籍，阐发中华文化精髓，增强中华民族凝聚力、影响力、创造力的优秀论文。

五、培养人才　赓续文脉

《意见》在强化人才队伍建设部分，指出要"加强古籍存藏保护、整理研究和出版专业机构建设，扩大古籍保护修复人才规模，加强古籍整理研究机构力量"。并特别强调要"健全少数民族古文字人才传承机制，建设少数民族文字古籍专业人才学术交流平台"，对少数民族文字古籍人才的培养给予特别关注。

民族文字古籍的整理和研究还需要掌握和熟悉古代少数民族文字，是一种有特殊专业技能的高难度业务，需要专门培养人才。有的民族古文字与现代使用的文字有较大差别，懂得现代民族文字的人，不一定能读懂古代文献，需要专门学习深造，如古藏文。有的民族文字原来的民族已经消亡，成为死文字。这类文字有的经过国内外专家的长期解读，已经能够基本译释，如西夏文、女真文；有的文字虽经专家们努力研究，有了明显进展，但至今未能顺畅解读，如契丹文。与现代文字有明显差别的古文字、死文字和未能解读的文字，更需要专门培养人才。目前各文种掌握民族古文字的专家情况不同，有不少文种专家年龄偏高，传承人才较少；有的文种甚至老专家谢世后，没有了接续人才。

在人才培养方面，西夏文研究人才传承较好。一方面近几十年来西夏文的解读进展很大，西夏文古籍多数可以基本解读；另一方面西夏文原始文献大量刊布，有众多的新资料可供解读研究，受到学界青年学子的青睐，纷纷加入西夏研究队伍。更为重要的是西夏学研究专家和相关机构重视学科建设和西夏文人才的培养，不仅及时招收博士生、硕士生，还在大学开设西夏文课，集中培养西夏文人才。特别是中国社会科学院西夏文化研究中心和宁夏大学西夏学研究院自2011年起连续3年联合举办西夏文研习班，先后有200多人次参加学习，教师倾囊相授，学员集中精力刻苦学习，在培养西夏文研究人才方面创建了新的模式。参加学习的不少学员后来成为西夏文古籍研究的骨干。2013年专门教授西夏文的教科书《西夏文教程》正式出版，2020年《西夏文教程》译成英文出版。① 目前新的西夏研究人员不断成长，队伍逐步扩大，不少青年才俊崭露头角，使西夏文这门"绝学"薪火相传，后继有人。

民族古籍研究人才的培养应根据各文种的实际，采取适合的方式培养人才，如在大专院校设置民族文字古籍课程，有条件的大学或研究单位招收硕士生、博士生，有的可以举办读书班、研修班，有的则可请师傅带徒弟在实践中传承。培养出的青年民族古籍人才，要及时安排就业，使之对口从事相应的古籍整理研究工作，发挥其特殊才能，避免优秀民族古籍人才的流失。同时要加大力度培养民族古籍修复人

---

① 史金波：《西夏文教程》，社会科学文献出版社，2013年。

才，传承古籍修复技艺，使古籍得到原生性、再生性、传承性保护。这样才能使民族古籍工作人才队伍不断发展壮大，才能使古籍工作能赓续传承，弘扬发展。

（原载《民族研究》2022年第3期）

民族文物的价值与探寻历程

文物一般说来包括历史文物、革命文物和民族民俗文物。所谓民族文物应是指与少数民族有关的文物。民族文物可以分为可移动文物和不可移动文物。

一、民族文物的重要价值

中国自古以来就是一个多民族国家。民族文物真实地反映了各民族的社会历史状况。中国历史文献十分丰富，记载了大量包括少数民族和少数民族地区的历史。但因为多数文献是以中原王朝为主体修史，对少数民族历史的记载相对比较简约，不少为转述转记，并非第一手资料。而少数民族文物则直接反映少数民族的历史和文化，包括少数民族对祖国乃至世界的贡献，其中有很多是过去传统史书中所缺乏的资料，都是可靠的真实资料，具有特殊的学术价值。如凉山彝族奴隶制博物馆存藏、展览了大量有关凉山彝族奴隶制的实物，反映出1957年以前在当地还存在的奴隶制。

民族文物负载着各民族与汉族及其他各民族之间的关系，其中有的反映少数民族与中原王朝的隶属关系，有的反映各民族之间的密切经济、文化往来，共同发展进步的史实。有的民族文物中还突出地反映出民族间紧密团结，共同抵御外国侵略的史实。这些重要文物对我们认识中华民族形成和发展具有十分重要的价值。如仍矗立在拉萨市大昭寺前的汉文、藏文合璧的唐蕃会盟碑，碑文赞美了唐代中央王朝和藏族之间的友谊，记录了会盟的经过，有重要历史和文物价值，一直受到藏汉人民的敬仰。又如1904年西藏人民英勇抗击入侵英军的西藏江孜抗英斗争遗址，见证了当时历时两个多月的江孜保卫战，是西藏近代史上抗击外国侵略者规模最大、最为惨烈悲壮的战斗，是西藏军民英勇抗击入侵英军的重要历史实物。

在少数民族文物中还包括大量少数民族文字文献。在中国历史上先后有一些民族创制使用了30多种民族文字。近代以来，发现、出土了大量少数民族文字文物。这些民族文字文物更加具体的记录着历史文化，有的还有具体的年代和情节，显得更加珍贵。如元代至正五年（1345）修建的北京市居庸关过街塔云台门洞内壁的六体文字石刻，其上镌刻有汉、梵、藏、八思巴、回鹘、西夏六种文字，反映出元代多民族文字使用情况和当时的民族关系。

有的少数民族文物真实地反映出历史上各民族交往交流交融的史实，对认识中华民族共同体的形成和发展有特别重要的意义。如在西夏文光定申年（1212）曹肃州贷粮典物契中，契尾签署画押的借贷者曹肃州和同立契的妻子讹七氏西宝分别为汉族和党项族，显示出西夏时期不同民族间相互结亲，组成族际婚姻家庭的真实情景。这种族际婚姻是民族间密切交往的自然结果，反映出历史上民族自然融合的大势。

总之，民族文物是中国作为多民族国家形成和发展的重要历史见证，对深刻认识中华民族共同体的形成和发展，铸牢中华民族共同体意识具有特殊重要意义，具有重要的学术价值和文物保存价值。

二、对民族文物的探寻历程

我大学毕业后，一直在中国社会科学院民族研究所工作，主要从事民族历史和民族古文字研究，其中重点是西夏文史。在工作中不断调查、利用民族文物，认识不断加深，范围不断扩大，近十年来由西夏文物到民族文字文物，再到全面的民族文物，经历了由浅入深的探寻历程。

1.关于西夏文物

1962年我考入中国科学院民族研究所的西夏文研究生，在导师王静如先生的指导下学习西夏文。西夏学是近代随着西夏文献文物的发现和出土才形成的一门学科，研究西夏离不开西夏文物。

1964年我参加了王静如先生和敦煌文物研究所所长常书鸿先生组织的莫高窟、榆林窟西夏洞窟调查，为期3个月，我的主要任务是搜集、抄录、翻译莫高窟和榆林窟中的西夏文题记。这些题记对西夏洞窟的确定起到了重要作用。

1976年我和本所同事白滨一起到陕西、宁夏、甘肃、内蒙古、新疆、青海等省区西夏故地考察西夏文物，历经4个多月，收获很多。在考察诸多文物的同时也发现了一些新的

1964年在敦煌莫高窟抄录西夏文题记

文物。我最近写了一篇文章《万里同行调研西夏》，介绍了我们共同调研的一些具体情况和主要收获。①

在西夏研究中，我体会到了文物的重要作用。1987年发表了《略论西夏文物的学术价值》的论文。②1988年我和白滨、吴峰云共同编著了《西夏文物》一书，由文物出版社出版。③这是第一部图文并茂地系统介绍西夏文物的著作，其中收录西夏可移动文物和不可移动文物400多种。

①史金波：《万里同行调研西夏》，《澎湃新闻》2022年8月4日。
②史金波：《略论西夏文物的学术价值》，《考古与文物》1987年第4期。
③史金波、白滨、吴峰云：《西夏文物》，文物出版社，1988年。

《西夏文物》书影

20世纪初，西夏文献文物，被俄国、英国等列强所掠夺，大量流失海外。1993年我受中国社会科学院领导委托，与俄罗斯科学院东方研究所圣彼得堡分所合作，先后4次组团到该所与本所同事和上海古籍出版社的专家们一起，将流失到俄国的12个大书柜的上万件文献拍照复制，并在国内出版。此事前后历经30年，现已出版8开本精装书籍31册，至明年再出版2册将全部完成，使流失到俄国的大批西夏文文献得到再生性回归，为西夏学的发展提供了大量基础性资料。①

其他流失到英国、法国、日本的西夏文物也多在中国出

①俄罗斯科学院东方研究所圣彼得堡分所、中国社会科学院民族研究所、上海古籍出版社编，史金波、魏同贤、克恰诺夫主编：《俄藏黑水城文献》，第1—31册，上海古籍出版社，1996—2022年。

版。①存藏于国内各地区、各部门的西夏文文献也在各部门的支持下顺利出版，名为《中国藏西夏文献》。②

2004年中国国家博物馆与宁夏文化厅合作在中国国家博物馆展出西夏文物，名为《大夏寻踪——西夏文物辑萃》。我应邀参与审查展出文物，并为展览题写了西夏文的"大夏寻踪"四字，同时写了两篇论文，先后发表在展览论文集《大夏寻踪——西夏文物辑萃》和《中国历史文物》上。③

2011年我承担了国家社科基金特别委托项目"西夏文献文物研究"，其中设立了一个重大项目子课题，为编纂5编多卷本《西夏文物》系列丛书，由我任总主编，下分宁夏编（主编李进曾）、内蒙古编（主编塔拉等）、甘肃编（主编俄军）、石窟编（主编樊锦诗）、综合编（主编杜建录），共35册。在立项编纂开始，国家文物局给予大力支持，文物局办公室向十多个省区的文物部门发出《关于请支持中国社会科学院〈西夏文物〉编纂出版工作的函》，请相关部门大力支

①西北第二民族学院、上海古籍出版社、英国国家图书馆编纂，李伟、吴芳思主编：《英藏黑水城文献》1—4册，上海古籍出版社，2005年；第5册，2010年。西北第二民族学院、上海古籍出版社编：《法藏敦煌西夏文文献》，上海古籍出版社，2007年。武宇林、荒川慎太郎主编：《日本藏西夏文文献》，中华书局，2011年。

②宁夏大学西夏研究中心、中国国家图书馆、甘肃五凉古籍整理研究中心编，总主编史金波、陈育宁：《中国藏西夏文献》第1—20册，甘肃人民出版社、敦煌文艺出版社，2005—2007年。

③中国国家博物馆、宁夏回族自治区文化厅：《大夏寻踪——西夏文物辑萃》，中国社会科学出版社，2004年。史金波：《西夏文物精粹举偶》，《大夏寻踪——西夏文物辑萃》，中国社会科学出版社，2004年。史金波：《西夏文物的民族和宗教特点》，《中国历史文物》2005年第2期。

持此项工作。现前3编22册已出版，后2编13册于近期出版。[①]

西夏文献、文物的搜集和出版，发挥了民族文物的特殊作用，有力地推动了西夏研究工作，促进了西夏学的发展，使这项过去属于"冷门"的学科成为中国历史文化的研究热点之一。

2.关于民族文字文物

中国历史上有不少民族先后创制和使用了自己的民族文字，共有30多种民族古文字，西夏文仅是其中的一种。民族文字文物是民族文物中的一个重要类别。

1980年成立了中国民族古文字研究会，我参加了组织工作，先后担任秘书长、副会长和会长职务。在研究会工作中，对全国民族文字文物有了越来越多的了解。在1984年和1987年分别发表了《中国民族古文字概说》和《中国少数民族文字文献的史料价值》等论文，宣介少数民族文字文物的重要价值。[②]1990年我参与编纂《中国民族古文字图录》，此书收录20多种民族文字的300多种文献，其中多数是出土文物。[③]

①史金波总主编，塔拉、李丽雅主编：《西夏文物·内蒙古编》4册，中华书局、天津古籍出版社，2014年；俄军主编：《西夏文物·甘肃编》6册，2014年；李进曾主编：《西夏文物·宁夏编》12册，2016年。

②史金波：《中国民族古文字概说》，《民族研究》1984年第5期。史金波：《中国少数民族文字文献的史料价值》，《中国少数民族史研究》，中国社会科学出版社，1987年。

③中国民族古文字研究会编，傅懋勣主编，史金波、张公瑾、道布副主编：《中国民族古文字图录》，中国社会科学出版社，1990年。

鉴于少数民族文字文物的重要性和特殊性，以及此类文物保护和鉴定存在的问题，1997年我撰写了《建议国家有关部门重视少数民族文字文物的保护和鉴定》的报告，建议有关部门对少数民族文字文物进行有计划的普查，区分类别，进行鉴定，明确重点，妥善保管。同时，建议

《中国民族古文字图录》书影

对流失国外的文物进行调查、编辑目录，并创造条件争取将文献复制回国。此报告通过《中国社会科学院信息专报》上报，得到时任中央政治局委员、国务委员李铁映同志的批示。当时国家文物局局长张文彬同志又做了具体批示："史金波研究员对少数民族文物的保护和鉴定，提出了很中肯的意见，我们要认真研究。……为此，（一）请张柏同志负责制度并实施少数民族文物普查规划，区分类别，突出重点，明确职责，重点保护。（二）请自树同志负责少数民族文物鉴定工作，此事也要有一个计划，分区分批进行。（三）以上两项工作都要取得国家民委、社科院民族所的支

《中国历代民族古文字文献探幽》书影

持和配合。"①

此后，国家文物局召开了两次民族文物工作会议，以加强民族文物工作，我都被邀请出席。

在长期专业知识积累的基础上，我和黄润华先生合作的专著《中国历代民族古文字文献探幽》于2008年在中华书局出版。该书按中国历史时代顺序，系统梳理、研究民族文字文献内容和价值。后来在开展全国古籍保护工作后，国家古籍保护中心开民族古籍培训班，便以此书作为教材。

2007年国务院发出开展全国古籍保护工作，成立了全国古籍保护中心，同时成立了全国古籍保护工作专家委员会，我作为专家委员会副主任，主要负责少数民族文字古籍方面的工作，其中一项重要工作是在全国范围内组织开展古籍普查登记工作。这是第一次将汉文古籍和民族文字古籍同时进

①史金波：《建议国家有关部门重视少数民族文字文物的保护和鉴定》，《中国社会科学院信息专报》1997年第5期。

2010年与黄润华先生（左）在四川凉山考察彝文古籍

2011年与才让太先生（左）在青海考察藏文古籍

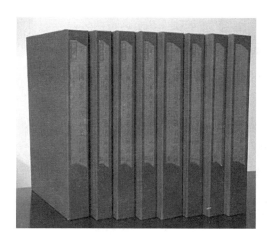

第一批《全国珍贵古籍名录图录》
（其中第八册为少数民族文字珍贵古籍）

行的全国性的大规模普查，是民族文化发展的一件大事。我先后作为全国古籍保护中心成员到多地考察古籍。

2007年11月，国家古籍保护中心开始国家珍贵古籍名录评审工作，报国务院批准后公布名录。专家委员会评审珍贵古籍名录分为5个组，其中"民族语文文献组"负责民族文字古籍的评审，由我牵头负责。我们先后5次评审，共评出民族文字珍贵古籍1100种。将汉文和民族文字珍贵古籍同时公布，这是国家弘扬民族文化的有力举措，也是民族文化发展的一件大事。现已出版5批《全国珍贵古籍名录图录》，共38册。①民族文字古籍评审组根据工作需要，于2008年12月在参考汉文古籍定级标准的基础上，根据民族文字古籍的多文种、多类型的特点，专门研究制定了《民族文字珍贵古籍入选标准》。

①中国国家图书馆、中国古籍保护中心编，主编詹福瑞，常务主编李致忠，副主编史金波、朱凤瀚：《第一批国家珍贵古籍名录图录》（共8册），国家图书馆出版社，2008年。此后又出版了第二批至第四批《国家珍贵古籍名录图录》。

2004年在贵州省荔波县考察水书

3.关于民族文物

　　我在民族研究工作中，不断到民族地区进行调研，除前述一些西北地区外，还到过西藏、云南、贵州、四川、广西、广东、安徽、浙江、湖南、湖北、辽宁、吉林等省区，不断考察民族文物，参观藏有民族文物的博物馆、文物考古研究所、古籍办公室等部门，加深对民族文物的了解，增进了对民族文物重要性的认识。

　　2009年我被选为国家文物鉴定委员会委员，分到民族民俗组，该组共3人。我认为民族文物工作任务繁重，应该建立相应的组织，并明确承担的任务。我于2010年给国家文物局和文物鉴定委员会主任傅增湘先生递交了《关于建立少数民族文物专家委员会的建议》的报告，主要内容为：由于少

数民族文物的多民族性、类别的多样性、分布的广泛性，致
使少数民族文物的搜集、保护、定级、研究存在诸多问题，
特别是过去这方面工作基础相对薄弱，专门从事少数民族文
物保护和研究的人才匮乏，更增加了少数民族文物工作的困
难。至今全国尚无一个专门对少数民族文物进行研究、备咨
询的机构。现在的国家文物鉴定委员会中涉及少数民族文物
的委员极少，难以形成集思广益、可备咨询的局面。因此，
建议在国家文物局领导下成立"少数民族文物专家委员会"。
委员会的主要工作任务为：研究、讨论民族文物搜集、保
护、普查、定级；对流失海外文物编目、回收以及防止继续
流失问题；条件成熟时，可在文物局领导下编纂中国少数民
族文物图典等图书和工具书；咨询、评议少数民族文物整

2016年考察贵州海龙屯土司遗址

理、研究重点项目的设置等。此事我曾与中国国家博物馆宋兆麟先生沟通，同年国家文物局在呼和浩特市举办了"民族文物培训班"，我参加了授课。

党的十八大以来，国家更加重视文物工作。习近平总书记强调："让收藏在博物馆里的文物、陈列在广阔大地上的遗产、书写在古籍里的文字都活起来。"各部门都要加强文物的保护和利用。

2019年中国国家博物馆开展了藏品普查和定级工作，其中包括民族民俗文物。我被聘为民族民俗文物鉴定专家，多次参加定级工作。

为加强我国各民族文物保护利用、铸牢中华民族共同体意识的思想基础、促进国家统一和民族团结，由国家民委、国务院研究室、国家文物局共同组织编纂《中国少数民族文物图谱》（以下简称《图谱》），这是一部全面系统展示我国少数民族代表性、典型性文物及相关研究成果的大型出版物。2020年11月编纂出版工作会议在京召开，我被聘为《图谱》专家委员会成员。目前，这项重要文化工程已经在全国各地按计划开展起来。我感到长期以来普查民族文物、编纂民族文物图典、加强民族文物保护和利用的心愿得以实现。我积极参加了《图谱》"工作指南"的校改和一些地方卷的审核工作，衷心希望此项重要文化工程在保障质量的前提下顺利完成。

三、几点建议

国家越来越重视对文物的保护和利用，人民群众对文物也越来越关注，国家文物工作迎来了前所未有的大好形势。在这种形势下，我们更应该看到还有更多的工作要做，还有更多的困难需要克服，有更多的艰巨任务等待完成。特别是民族文物工作方面过去普查、定级基础薄弱，文物保护条件较差，研究利用不够，专家十分稀缺，数字化程度很低，需要加大力度，补足短板，把民族文物的保护和利用工作更好地开展起来。

第一，借编纂《中国少数民族文物图谱》的东风，做好民族文物的普查、定级工作。由于民族文物的某些特殊性和复杂性，增加了文物普查、定级的难度。如有的少数民族在解放前，甚至在解放后的一段时间仍然处于原始社会末期、奴隶制或农奴制社会形态，民主改革以后社会进步很快，当地发生翻天覆地的变化，因此一些民族民俗文物的时限是否要推后。又如一些文物的质料、形态具有民族地区特点，在定名、断代和描述上都可能遇到新的问题，像彝文有骨书和皮书，材质特殊；傣文贝叶经《羯磨说》，系将傣纸剪裁成贝叶经状，用牛血蒸泡，晾干后刷上树胶，最后用金粉或银粉写成，其质地特殊，据说其工艺已经失传。这类文物在定级和著录时要反映出其特点。

再如有很多民族文字文物，需要懂得该种文字的专家进行解读鉴定等。因此，对民族文物的普查和定级工作要给予特别的重视，采取一些必要的特殊措施。同时在民族文物普查中要做好数据库工作，使文物得到更广泛的利用。

第二，由于民族地区条件较差，文物保存的条件有时达不到科学标准。在边远地区对一些不可移动文物未能建立有效的文物管理保护措施，有些遗址、墓葬不断发生被盗掘现象。不少可移动文物也缺乏保护条件，一些民族文字文献的保存没有达到恒温、恒湿、防火、防虫的要求。应加大对少数民族地区文物保护支持力度，在人力和财力上给予特殊的倾斜。

第三，对民族文物进行深入研究，对其知识和思想内涵深度开掘，得出有社会价值的创新性成果，是民族古籍研究的重要目的，也是古籍利用的终端结晶。

很多专家注重民族文物的研究，取得了突出的成绩。如耿世民先生对突厥和回鹘文物文献的研究，王尧先生对藏族文物文献的研究，张公瑾先生对傣族文物文献的研究，宋兆麟先生对南方民族文物的搜集和研究等。

我在西夏研究中也多利用西夏文物和出土文献进行研究，如2007年出版的《西夏社会》，2017年出版的《西夏经济文书研究》，2021年出版的《西夏军事文书研究》。2018年我和关治国合作出版的《中国民族史学史纲要》更是利用了很多种民族文物。我国的民族文物十分丰富，很多民族文物尚待深入认识、研究，其价值有待开掘。

在新时代要开创民族文物工作的新局面，使民族文物更好地发挥其弘扬中华民族文化、促进民族团结、增强中华民族共同体意识的重要作用。近几年来，我撰写了几篇利用民族文物加强民族间交往交流交融、促进民族团结、增强中华民族共同体意识的论文。[1]

第四，清查、收集流失海外文物。近代以来，西方列强大肆搜掠中国文物，其中地处边疆的民族地区首当其冲，损失最大，致使大量民族文物流失海外。建议有关部门加强流失文物的调查、编目和回归工作。可先创造条件与相关国家合作，将流失文物复制后，在中国出版，既能供学术界利用，也是文物保护的一项措施。

第五，加强民族文物人才队伍建设。过去民族文物专业人才很缺乏，目前应乘编纂《中国少数民族文物图谱》的大好时机，在全国各地，特别是少数民族文物集中的省区发现和培养一批民族文物鉴定、保护、研究的队伍。要重视培养青年专家，以达到传承、发展的目的。民族文字古籍的整理和研究还需要掌握和熟悉古代少数民族文字，是一种有特殊专业技能的高难度业务，需要专门培养人才。

第六，举办全国性、地方性或专题性民族文物展览。展览要选取精品，突出特色，要重视那些能体现优秀传统文化

---

[1] 史金波：《论西夏对中国的认同》，《民族研究》2020 年第 4 期。史金波：《考古发现展示中华民族历史丰富内涵》，《中国社会科学报》2020 年 11 月 16 日。史金波：《丝绸之路出土的少数民族文字文献与东西方文化交流》，《敦煌研究》2020 年第 5 期。史金波：《中国少数民族地区城市文化遗产刍议》，《河北学刊》2021 年第 5 期。史金波：《族际通婚：出土西夏文文献证实民族间的深度融合》，《光明日报》2022 年 8 月 1 日。史金波《古代民族文字儒学典籍彰显文化认同》，《中国民族报》2022 年 3 月 29 日。史金波《民族交往交流交融的典型例证——中国古代合璧文字文献刍论》，《中央民族大学学报》2022 年第 3 期。

精神，反映民族间交往交流交融的史实，促进民族团结和维护祖国统一的文物。通过展览向公众普及民族文物知识，展示其价值，宣传民族文物保护和研究的意义，以达到增长知识，促进民族团结，增强中华民族共同体意识的作用。同时要鼓励开发有特色的民族文物创意产品，使历史信息丰富、文化内涵深刻、反映民族交往交流交融的民族文物得到更好展示和传承。

（2022 年 8 月 29 日在中国国家博物馆举办的"文物研究专家座谈会"上的发言）

中国民族图像文物的重要历史价值和特点

中国自古以来就是一个多民族国家，不仅在传统历史文献中各民族有丰富的历史记载，并且还有丰富的民族图像文物资料。这些民族图像文物有的保存于深山岩画中，如内蒙古阴山岩画；很多保存于石窟壁画中，如著名的敦煌莫高窟和瓜州榆林窟中的多民族壁画；有的保存在墓室壁画中，如山西省大同沙岭墓；也有不少入藏博物馆、图书馆等部门，如故宫博物院的《职贡图》和中国国家博物馆的《百苗图》等。这些民族图像文物具有重要的历史价值和特点，需要加强保护和研究。

一、中国民族图像文物的重要历史价值

民族图像文物很丰富，有多方面的重要历史价值，以下分三个方面加以说明。

1.突出地反映了中华民族多元一体的重要特征

民族图像文物分布很广，种类多样，描绘了很多民族的具体形象，反映出在中华民族共同体中多民族共存共生的一体局面。

阴山岩画

贺兰山岩画

在我国北方和南方的很多少数民族地区，都分布有大量
人类早期岩画，如内蒙古阴山岩画、宁夏贺兰山岩画、广西
花山岩画等。在阴山岩画中有从石器时代晚期至青铜器时代
中期原始氏族部落的岩画，还有此后我国北方许多游牧民

族，诸如北狄、匈奴、鲜卑、突厥、回鹘、敕勒、党项、契丹、蒙古等民族的绘画，反映出多民族的古代文化。

石窟壁画中也突出地显示出中国多民族的历史文化。敦煌莫高窟中大量精美的壁画中有很多民族人物和生活场景的写实绘画。特别是其中的供养人，除汉族人物外，尚有从魏

鲜卑族供养人

吐蕃赞普礼佛图

晋南北朝时期至元代各民族的少数民族供养人，如鲜卑族、藏族、回鹘族、党项族、蒙古族等。反映出在丝绸之路河西走廊沿线多民族文化的历史事实。

回鹘供养人

西夏供养人

蒙古族供养人

中国历代多有以《职贡图》为题的绘画出现，如传为南朝梁萧绎的《职贡图》卷，传为唐朝阎立本的《职贡图》卷，明代仇英的《职贡图》卷，清代丁观鹏、姚文瀚、金廷标的《皇清职贡图》卷。特别是清乾隆十六年（1751），皇帝下令各地总督、巡抚将其管辖境内不同民族，以及与清王朝有来往的国家之民族，描绘各民族的衣冠形貌，最后形成《皇清职贡图》，其中描绘了大量少数民族人物。

南方一些民族地区藏有很多种《百苗图》，后来由一些公藏部门收集存藏，如中国国家博物馆、中国国家图书馆、中国民族图书馆、中国社会科学院民族研究所、中央民族大学及贵州等一些部门，台湾也有收藏，还有一些流失海外。

《百苗图》多为清代作品，内容十分丰富，绘制了当时贵州一带各民族的人物形象、生产活动、礼仪风俗和民族信仰，反映了当时多地区、多民族的真实图景。

《百苗图》中的"倮倮图"

　　总之，中国的民族图像文物记录了中国不同历史时期的多民族文化，显示出中国多民族共生共存于一体的、大家庭的客观事实。这种历史事实不仅在文字资料中有大量记载，同时也在图像遗存中也得到充分体现。

　　2.真实地再现了很多民族的人物及服饰的面貌

　　中国历史文献资料特别丰富，但要真切地了解各历史时期的人物、服饰以及生活状况，还需要图像资料，图像资料的直观、生动是文字资料难以达到的。历史上的饮宴图等写实绘画作品保存了很多历史上的人物和生活情景，特别是像

《清明上河图》这样的传世作品，更是精彩地描绘出宋代开封的生活场景，留存下宝贵的历史形象资料，十分珍贵。据专家研究，《清明上河图》800多个人物中，也出现了辽、西夏、金、高丽等王朝的人，与当地人无差别交流。

很多历史文献记载了少数民族的历史资料，尽管十分丰富，但究竟少数民族是什么样子，还是要靠形象资料。而民族图像文物相当于各个历史时期的民族志，起到了真切了解历史上少数民族形象的作用。

柏孜克里克第31窟回鹘高昌王供养像，位于第31窟佛坛的正面。此窟为大型长方形纵券顶窟，后部起坛。画面的右下方有三行朱书的回鹘文榜题：此为勇猛之狮统治全国的九姓之主全民苍鹰侯回鹘特勤之像。

柏孜克里克第20窟回鹘高昌王后供养像，位于第20窟主室前壁。王后身穿茜色窄袖通裾襦裙，领口刺绣卷草纹。两鬓盘起，头顶戴船形冠，发髻上插

柏孜克里克第31窟回鹘高昌王供养像

莫高窟409窟西夏皇帝供养像

满钗环，两耳还各戴一只垂肩的金耳环。在她的脑后垂有一条长长的红色绢绳，几乎垂地，很有特点。画面右上方有回鹘文榜题"此是高贵的王后之像"。

莫高窟第409窟有西夏皇帝、后妃供养像。西夏皇帝着一身团龙图案长袍，上有皇帝出行的伞盖及扇。这些仪仗与装饰都表示了皇帝独有的特权。

柏孜克里克第27窟蒙古供养人像，为第27窟的蒙古女供养人。1209年回鹘高昌臣属蒙古，双方世代联姻，来往密切。高昌石窟中出现蒙古贵族妇女的供养像也可说明当时蒙古人信仰佛教的情况。

后世《百苗图》中的记载多为真实可信的风土地理类记载，所绘图像以描写外形为主，并且注重对人物表情的刻画。

20世纪50年代，进行全国性的民族大调查，当时各调查组按计划、要求深入各民族地区进行调查。调查组成员深入民族地区，深入群众，口问手写，记载了大量资料。此外还拍摄了很多照片，收集了大量形象资料。特别是后期根据中央的要求，拍摄了很多部记录少数民族实际情况的电影，更加形象、更加真实的保存了大量珍贵资料。这些电影资料保存在中国社会科学院民族研究所。

3. 生动地展现出不同历史时期各民族的生活、生产图景

民族图像文物真实地再现了很多民族的生活生产实际状况，反映出当时的民族文化，表现出当时的生产力水平，也在一定程度上反映出当时的生产关系，同时可透视出当时各民族交往交流交融的民族关系。

如榆林窟第3窟有千手千眼观音图，其中有多幅描绘生产的图画，如《犁耕图》《锻铁图》《酿酒图》《春米图》等。生动、形象地再现了七八百年前的生产图景，十分可贵。

《犁耕图》

《锻铁图》

《酿酒图》

《舂米图》

又如山西省太原市晋源区王郭村北齐权臣东安王娄睿及
其夫人的墓葬，墓道和墓室遍布彩绘壁画，描绘了墓主生前
出行、回归和宴饮等生活场面。

《百苗图》中的"八番打稻图"，将当地自然环境、劳女逸
男的习俗、服饰特点和打稻劳作的场景描绘得十分真实、细腻。

《百苗图》中的"八番打稻图"

《倮倮女官图》

　　《倮倮女官图》，真实反映了历史文献记载的贵州大定水西彝族女土司长期掌权、受明清王朝管辖的历史事实。明代大定水西有奢香夫人，摄理贵州宣慰使一职。她是彝族著名女政治家，促进了水西地区的经济发展和文化交流，加强了各民族的团结。20世纪60年代有黔剧《奢香夫人》，前些年又拍摄了电视连续剧《奢香夫人》。

二、中国民族图像文物的主要特点

1.描绘各民族地区的人物及生活场景，具有写实特点

图像记录了普通民众的生活、生产场景，使人一目了然地了解具体实情，有些场景或细节是文字难以描述的。如西夏壁画中的《商人遇盗图》，生动地描绘出商人的惊恐和盗人的霸凌神态。

《商人遇盗图》

有些用了绘画中的夸张手法，却暗合了社会地位的真实。如前图中的西夏皇帝与侍从身高的明显差别，显示出两者在现实生活中地位的高低等级。

有的反映了重要历史文化场景。如置于西夏文《现在贤劫千佛名经》卷首的《西夏译经图》，描绘了西夏译经的场景，其中有主译者国师白智光、助译者僧俗十六人，还有亲临译场的西夏皇帝和皇太后。历史文献曾记载西夏皇帝、皇太后确曾亲临西夏译场，也记载了西夏延请回鹘僧人译经。图画中的国师白智光，白姓，确为回鹘僧人。

2.往往配有文字叙述，画述结合，具有图文并茂、互补增色的特点

在很多民族图像文物上写有文字，给图画增添了重要内容，提升了图像的历史价值和文物档次。如有的文字记载了明确的时代，有的记述了图画的内容，有的注明了民族属性，有的更具体地有人名、职务等，为图像文物的断代、确定族属、明确内容和人物身份等提供了重要资料。

如《楚南苗疆图》中的"永顺府苗疆图"，有文字说明，有地形图，图文并茂地展示出湖南省永顺府少数民族地区的历史和地理概貌。永顺府土司城，亦称司城、老司城，是南

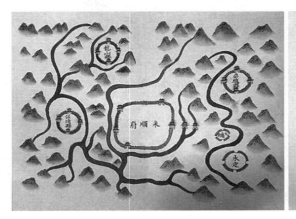

《楚南苗疆图》中的"永顺府苗疆图"

宋绍兴五年（1135）至清雍正二年（1724）永顺彭氏土司的政治、经济、军事、文化中心。后来改土归流，遗址破败。2015年其遗址与贵州土司城联合被评为世界文化遗产，我被邀请参加庆祝活动。

2015年参加湖南永顺老司城遗址
申遗成功庆祝活动

有的图还有少数民族文字，图文并茂地显示当时的生活场景。如敦煌莫高窟第285窟有西夏贫民礼佛图及题记，记西夏雍宁乙未二年（1115），八人来山寺庙烧香礼佛事。

西夏贫民礼佛图及题记

甚至还有两种民族文字合璧，更为图形文物增色。如柏孜克里克第20窟三都统像，位于20窟左甬道内壁。上方有汉文和回鹘文榜提"智通，进慧，法慧三都统供养像"，表明这三位僧人均是管理僧众事务的僧官。画面中的三位僧人穿交领广袖的中原式袈裟，双手持花供养。人物面目具有中原人特征，或表明当时当地多民族文化色彩。

柏孜克里克第20窟三都统像

也有的图像文物没有文字记录，对其时代、内容等需要借助其他资料进行考察研究。

3. 与历史文献对照研究，具有证实和补充历史资料的特点

有的图像文物内容有历史文献资料等相关记载，可以互相证实，形成二重证据。有的则没有文献资料记载，可以补充文献记载，显得更为可贵。

三、要认真做好民族图像文物搜集整理、传承保护、深入研究和发掘利用工作

有的民族图像文物仍散落民间，应继续搜集到公藏单

位。有的虽已收入公藏部门，但保护条件堪忧，需改善条件，加强保护，勿使损失。

著名石窟和墓葬等已有很好的保护措施，但有些小型石窟和一般墓葬仍缺乏有效的保护措施，无具体保护机构，需加强管理，落实保护措施。

对民族图像文物要认真整理研究。过去专家们已经进行了很多研究，作出了很多贡献，今后还应做更深入的研究。一是对具体文物要深入进行个体研究，二是对相关文物进行分类统合研究，三是对古籍、文物中涉及的民族图像文物做综合研究，从图像学、文献学、民族学等多学科角度进行宏观研究，以对中国历史文化研究、对加强民族团结、增强中华民族共同体意识作出更多贡献。

在坚持文物保护的前提下，利用民族图像文物具象的、可视性的优长，可以适当开发利用，制作文创产品，起到宣传民族图像文物的作用。还可以举办这类文物的专题展览，使之为大众了解、认知，从中得到民族知识和民族团结教育，使文物真正"活起来"。

（2022年11月15日在中国国家博物馆举办的"民族图像研讨会"上的发言）

中国的语言和汉藏语研究

各位老师、各位同学，大家好！

能有机会和德国海德堡大学汉学系的老师和同学们进行学术交流，我感到很荣幸。这次给大家报告的题目是《中国的语言和汉藏语研究》。这个题目有点大，我只能根据自己的认识和经历介绍一部分情况，报告分三个部分。

一、中国的语言和汉藏语言的基本情况

中国是一个统一的多民族国家，也是一个多语言、多文字的国家。

1.中国的语言状况

中国有56个民族，有的一个民族使用一种语言，有的一个民族使用两种甚至两种以上的语言，也有的民族如回族和满族都使用汉语作为自己的语言。中华人民共和国成立以后，对少数民族地区的语言进行了普遍、系统调查。至20世纪80年代认为中国少数民族语言在80种以上。此后经过很多语言专家对过去的调查报告做进一步整理，特别是陆续对一些民族地区语言做了新的调查研究，后来得出有129种语言。

这些语言分别属于汉藏语系、阿尔泰语系、南岛语系、南亚语系、印欧语系五大语系，另外还有5种混合语，以及无法被归类的朝鲜语。其中，汉藏语系76种、阿尔泰语系21种、南岛语系16种、南亚语系9种、印欧语系1种，种类繁多，丰富多彩。（参见孙宏开、胡增益、黄行：《中国的语言》，2007）

2.汉藏语系语言的种类

中国主体民族是汉族，使用汉语。现代标准汉语作为普通话是中国的官方语言，是六种联合国工作语言之一。世界上使用汉语的人数至少15亿（有的统计为17亿），占据世界总人口的20%。

在汉藏语系中除汉语外，还有藏缅语族、侗台语族、苗瑶语族。以下仅介绍与我研究业务相关的藏缅语族的一些情况。藏缅语族有5个语支：藏语支（藏语、门巴语、白马语、仓洛语）、彝语支（彝语、傈僳语、拉祜语、哈尼语、基诺语、纳西语、土家语、白语、堂郎语、末昂语、桑孔语、毕苏语、卡卓语、柔若语、怒苏语）、羌语支（羌语、普米语、嘉戎语、木雅语、尔龚语、尔苏语、纳木依语、史兴语、扎坝语、贵琼语、拉坞语、却域语）、景颇语支、缅语支。

我在大学里（中央民族学院，现在的中央民族大学）学的是彝语，学习四年，在彝族地区实习半年。

3.汉藏语系语言的特点

（1）语音方面

在声调上，每个音节都有固定的声调，但声调发展很不平衡；在声母上，有些语言声母分清浊，一部分语言还保留有复辅音声母；在韵母上，元音分长短、松紧，韵尾比较丰富，个别语言有辅音韵尾；韵尾发展不平衡，存在从繁到简的趋势。

（2）词汇方面

大多由单音节的单纯词和多音节的复合词组成，汉语以外的汉藏语系语言都借用汉语词来丰富自己的语言。

（3）语法方面

在形态上，语序和虚词是表达语法意义的重要手段，语序比较固定，虚词种类较多，除藏缅语族外，形态均不丰富，仅有语音交替、增加附加成分、重叠等少数形态变化。

在词类上，大多根据词的结合规则和词在句中的功能并参考词义来划分词类；有丰富的量词、助词（特别是结构助词和语气助词）和重叠词。

在语序上，共同点是主语都在谓语前，不同点有四：一是宾语的位置存在不同类型，汉语、苗瑶、壮侗是"主语+谓语+宾语"，藏缅语是"主语+宾语+谓语"；二是名词作定语时，汉语、苗瑶、藏缅是"定语+中心词"，壮侗是"中心词+定语"；三是形容词作定语时，汉语是"定语+中心词"，而苗瑶、壮侗、藏缅语族一般是"中心词+定语"；四是数词或数量词作定语时，汉语、苗瑶语族是"定语+中心词"，藏缅是"中心词+定语"。

4.彝族和彝语

我自幼喜欢文史。1958年我读完高中，报考大学。我所在的是农村中学，那时老师和学生对大学很不了解。我开始想报北京大学德语专业。后来看到中央民族学院的招生广告，上面有多幅少数民族地区的图片，觉得很新奇，加之学校是全额助学金，便改报中央民族学院语文系，被录取在语文系学习彝语。全班有来自北京市、河北省和四川省的20位同学，两位老师教彝语，一位是汉族老师李民，另一位是彝族老师俫伍阿什。学校为我们开设了很多课程，彝语是课时最多、每天必学、必练的最主要课程。

彝族是中国人口很多的少数民族，分布在云南、四川、贵州、广西等省区。彝语属汉藏语系藏缅语族彝语支，有北部、东部、南部、东南部、西部、中部6种方言。凉山彝族自治州400多万人，彝族有200多万人，凉山彝语属北部方言。北部方言的标准音点确定为喜德县，我们学习的彝语就是标准音点的喜德话。

各位是汉学系的，都知道学汉语、学中文不容易，特别是汉语中每个音节都有一个声调，还有多种韵母，当然还要特殊的语法。我知道你们当中有很多人经过自己的努力已经很好地掌握了中文，但是不要以为汉语、彝语都是中国话，都属于是汉藏语系，就觉得学起来轻松，实际上学彝语不比学一门外语容易。彝语有其特点，使初学者感到十分困难。

（1）语音方面

声母塞音、塞擦音、擦音分清浊两套，如"走"bo，"吃"dʑɯ；声母塞音、塞擦音还有带与不带鼻冠音的区别，如"好吃"mbo；声母有轻化鼻音［m̥］［n̥］，如"老师"m̥amo，"听"n̥a，［ŋ］没有；元音一般分松紧；韵母一般由单元音构成，没有塞辅音韵尾；有3~5个声调，调型简单。

汉语普通话没有声母清浊的对立，开始我们听不出两者的区别，也发不出浊音，还有更难学的鼻冠音和轻化鼻音。我们学这些声母，当然要背诵很多彝语词和句子，花费了很大精力，每天练得舌干口燥，嘴角常有白沫，想呕吐。经过苦学苦练终于学会了这些难发的音。当然在韵母和声调方面还算比较容易些。

（2）词汇方面

①词序和虚词是表达语法意义的主要手段，基本语序是主语—宾语—谓语。这与汉语很不相同，汉语是宾语在谓语之后。这要慢慢学习、习惯。

②名词、动词、人称代词作定语时，在中心词前；形容词、数量词作修饰语时，在中心词后。有些副词修饰双音节中心词时，在中心词的两个音节之间。后面的两部分与汉语完全不同，需要慢慢适应。

③量词丰富。

④存在动词丰富。这使我们学习起来很困难，感到很不习惯。汉语当中的一个"有"字，在彝语中要对应很多个"有"，比如固定物品的有、竖直物品的有、珍贵物品的有、有生命人和动物的有、部分物品的有、内部物品的有、一般物品的有等，都要一一区分开来，如果混淆就是闹笑话，认为你说得不像话。

（3）语法方面

有的方言有标志各种句子成分（包括主语、宾语）的结构助词。一部分动词的自动态和使动态用辅音清浊交替表示。有些方言以谓语动词、形容词的重叠、变调表示疑问。

我们这样学习了3年，到1961年彝语说得已经比较熟练了。这时根据学校规定要到凉山彝族地区喜德县去实习，练习、提高口语，深化彝语知识，时间是一学期（半年）。当时交通不发达，我们当年夏天从北京坐两天多火车到四川成都，从成都租大货车3天到达喜德县，从县城到区上背着行李走一天。然后大家分成6个小组各自到不同的村寨进行实习。每个人分在一户彝族老乡家里，和老乡一起干农活，一起吃饭，晚上一起聊天，整天只说彝语。凉山民主改革后，奴隶制被废除，但人民生活条件仍然非常困苦，老乡都以洋芋（土豆）为主食，每日两餐，苞谷、燕麦等都属细粮。当地彝族住房多是土打墙，房顶铺设木板，上压石块以固定。房中靠右是火塘，旁有三块石头支锅做饭，火塘旁是主人睡眠处。他们多无被无褥，睡觉时和衣而卧。我和主人们朝夕相处，关系十分亲密。特别是晚上，我和他们一起说生活，说民俗，说笑话，说家谱，说尔比（彝族格言）。他们经常纠正我的发音和语句错误。老乡讲的活语言往往与课本上的语句有出入，它更加生动，更加简洁。有时我说错彝话，引起他们善意的大笑。这里的老乡非常淳朴、勤劳、聪明，我们有了深厚的感情。

　　这样学彝语进步很快，我们中的一些人彝语已经说得很流利了。当年冬天，喜德县召开县人民代表大会，参加会议的有彝族和汉族干部，需要翻译人员。大会翻译请我们的老师来担任，讨论时分成两个组，每一个组要配备一名翻译，我和另外一名同学被选为小组翻译，这对我们又是一次锻炼。我们圆满完成实习。1962年夏天毕业，多数同学被分配到凉山在不同部门当了干部（公务员），少部分留在北京，

1992年到大凉山调查

而我则考上了西夏文研究生。好像这一年刚好是海德堡大学成立汉学系的那一年。

30年后的1992年，我又到大凉山做社会调查。大凉山地区已经发生了翻天覆地的变化。调查期间，过去所学的彝语还能派上用场，用彝语和当地彝族老乡对话，使我和他们有一种天然的亲近感。此后我又多次到大凉山调查。

5.从学习彝语到学习西夏文

我们临毕业前，语文系主任著名语言学家马学良教授到我们班上宣布，中国科学院民族研究所要招收一名西夏文研究生，要在彝语班选招，要经过考试，其中要考试彝语，希望有条件的报名。当时我们班有几位报名，我也是其中一个。我当时对西夏文一无所知，只是感到很新奇，想有深造的机会。很幸运，我被录取了。导师王静如先生是国内外著名的西夏学家，他认为西夏语和彝语有亲缘关系（美国学者劳费尔B.Laufer首先提出），希望有懂彝语的学生从事西夏语文研究。从此我走上了研究西夏的路程。

二、记录汉藏语言的文字、文献及其价值

以下介绍一下有关的文字文献：

1.记录汉藏语言的文字和一些语言的消失

中华人民共和国成立以前，汉族、回族、满族等使用汉文，此外还有一些少数民族使用民族文字，比如蒙古文、藏文、维吾尔文、哈萨克文、柯尔克孜文、朝鲜文、彝文、傣文、拉祜文、景颇文、锡伯文、俄罗斯文12个民族各有自己的文字。1949年以后，又有壮族、布依族、苗族、侗族、哈尼族、傈僳族等十几个民族使用新创制的以拉丁字母为基础的拼音文字。

各民族语言、文字都在历史发展中逐渐变化。有的民族消失了，语言也消失了，文字成为死文字。有的民族在社会发展过程中先后使用不同的文字。中国除以上列举的文字以外，还有一些在历史上用过，后来停止使用的文字。这些文字是佉卢文、焉耆-龟兹文、粟特文、于阗文、突厥文、回鹘文、契丹文、西夏文、女真文、老蒙古文、八思巴字、满文等。

2.古文献对语言研究的价值

汉藏语系语言中除汉文至少有三千年的历史外，藏文创制于7世纪，是表音文字，保存至今的古藏文文献很丰富，主要是在敦煌石室发现的藏文文献，不仅是研究古代藏语最有价值的资料，同时也是构拟汉藏语系原始共同语的重要资料。由于有的文献用藏文为汉文文献注音，因此也成为研究古代汉语的特殊资料。中国著名语言学家罗常培先生利用敦煌所出五种藏文注音的汉籍研究古代汉语，1934年撰著了《唐五代西北方音》这样的传世之作。

此外，建立西夏政权的西夏人（党项族），在11世纪初也创立了文字，后世称为西夏文，是仿照汉文的表意文字，距今也有近千年的历史。西夏王朝灭亡后，民族消亡了，文字也逐渐变为无人可识的死文字。很长时间人们不知西夏文是什么模样。近代在西夏的黑水城遗址等地陆续发现了大量文献，解读这些古代文献成为学术界一项有价值又十分困难的课题。一些国家的语言文字专家为此付出了不懈努力，取得了非凡的成绩。解读这些文献，可以利用这些文献中的西夏文、汉文对照的文献，如《番汉合时掌中珠》，可以利用西夏人翻译的汉文世俗文献，如《论语》《孟子》《孝经》《孙子兵法》《六韬》《三略》《将苑》《类林》等，以及自汉文翻译的大量佛经作为资料，对西夏语的语音、词汇和语法进行梳理、归纳和总结，构拟出西夏语的本来面貌。此外，还有一条很宝贵的经验，就是利用西夏语的亲属语言进行对照研究，提炼出有价值的规律认识。

如对西夏文动词前缀的研究，就是苏联的克平教授

（К.Б.Кепинг）受到羌语支语言《普米语简志》中有关论述的启发，对照西夏文文献解释出西夏语与羌语支语言一样，动词前有表示动作时态和方向语法范畴的前缀助词，共13个前缀。这些前缀分为两类，一类是过去式或进行式，一类是未然式。动词前缀有表示动作趋向的意义，这一发现为西夏文文献中出现的这类纷繁复杂、难以解释的大量虚词，给出了一个科学的答案，为正确地理解和释读西夏文文献提供了新的认识。

又如西夏文文献中有很多"有"，他们有什么不同？各起什么作用？也长时间困扰着西夏研究者。后来我搜集的一千多句带有"有"的西夏文例句，利用我从彝语中掌握的多种不同类型存在动词的知识，破解了这一难题。原来西夏语的存在动词比较丰富，有明显的类别范畴：

有表示固定物的"有"□，表示内中存在的"有"□，表示竖直的"有"□，表示所属的"有"□，表示附属的"有"□，表示并列的"有"□，表示珍贵的"有"□，也有表示一般的"有"□。这和藏缅语族一部分语言特别是彝语很相近。[1]

再如西夏语动词有人称呼应现象，其中主语呼应常伴随着动词的音韵变化，而动词后的人称词尾常被省略。中国学者龚煌城教授对此做出了开创性的研究，得出了重要成

---

[1]史金波：《西夏语的存在动词》，《语言研究》1984年第1期。

果。①后来我对此也做了些补充研究。②

这些利用亲属语言对比进行的破解古文献、死文字的成果，不仅推进了西夏语的研究，也证明了西夏语与羌语、彝语更为密切的关系，成为西夏语归为藏缅语族的重要依据。

古文字为语言文字研究者提出了解读死文字的科学任务，也为古今语言的对照研究提供了可能，加深对古代文化和现实语言的认识，对了解语言发展规律具有重要价值。

三、研究少数民族古代文献对揭示古代历史社会的意义

1.历史文献的价值

中国有不间断记载历史的传统，在众多的历史文献中，除对中国中原地区、中原王朝有系统记载外，还不乏对少数民族地区历史的记录，如《史记》中的《匈奴列传》《西南夷列传》等。这些历史文献是中国历史的重要载体，有难以估量的史学价值。

近代陆续发现了不少用少数民族文字记录的文献，是少数民族用自己的文字记录的第一手真实的历史文化，有着特殊的、不可替代的史料价值。

比如敦煌石窟发现的古藏文文书，内容包括历史著作、

①龚煌城：《西夏语动词的人称呼应与音韵转换》，《语言暨语言学》2001年第1期。

②史金波：《西夏语人称呼应和动词音韵转换再探讨》，《民族语文》2010年第5期。

契约文书等多个方面，生动地展现了吐蕃统治敦煌时期的社会风貌及汉藏文化交流的历史，是藏学、敦煌学、中国民族关系史研究的第一手资料，学术价值重大。

特别要提到的是近代在中国内蒙古黑水城遗址出土的大量西夏文献，其中有很多关于西夏历史社会的文献，比如西夏法典、西夏社会文书等，为研究西夏王朝的历史社会提供了大量新资料，使西夏研究深入展开，填补了很多历史空白，使"神秘的西夏"逐渐展现出清晰的面貌。这些等下次讲座再详细介绍。

2.语言资料的价值

我在研究生期间，导师王静如先生让我学习法国梅耶教授的《历史语言学中的比较方法》，这部重要著作给了我很大启发。多种民族语言的对照研究，有时会发现一些很有意思的问题。

比如在凉山彝语中，"天黑了"为 mukhə，但有的土语也可以说 muthiə，这是一种语音变化，舌根音和舌面音对应，两种发音喜德县老乡都能听懂。而在汉语中"客人"的"客"，发音和上述彝语的 khə 同音，在北京市和我的老家河北省，客人被称呼为 thiə，和上述彝语土语的对应一样。在其他一些语言，包括印欧语系语言都有类似的语言现象。有些语音对应和变化是有共同规律的，比如"契丹"，俄语中为 Китай。

通过西夏文献所记录的西夏语言，结合汉语和其他少数民族语言可以深入地了解西夏的社会，这是其他文献所不可代替的。

如西夏语中嫁女的"嫁"为𗥹［zji日识］，此字与买卖的"卖"是同一个字，可以推想当时嫁女和卖女是同一意义，是当时实行买卖婚姻的真实反映。西夏政府对于买卖婚姻在法律上给予明确的承认，并对嫁女的"婚价"有明确的规定。《天盛改旧新定律令》卷第八"为婚门"内记载了给"婚价"之法，分三个等级规定了不同的婚嫁数量和种类。在买卖婚姻制度下，妇女成了变相的商品。很多民族都经历了这种婚姻阶段。因此，有的民族语言中"卖"和"嫁"是同一个词并不偶然，是有其社会根源的。在藏缅语言中苏龙珞巴语中"卖"为 lu^{53}，"嫁"有两词，其一为 tap^{33}，另一为 lu^{53}，与"卖"完全同音。凉山彝语和纳西语也有类似情况。其实古代汉语的"嫁"也有"卖"的意思，也反映出历史上买卖婚姻的存在。

我们还应该透过古代民族文字的表面，挖掘语言的内涵。西夏语中"结婚"这个词，很有意思。《番汉合时掌中珠》中有"𗎭𗎭𗥦𗤊"，译为"诸处为婚"，"为婚"即"结婚"意。我们仔细分析，"𗥦𗤊"二字，第一个字在西夏文中是以𗥬"子、男"的一部分加𗤊"娶"的一部分构成，第二个字是以𗤻"女"的一部分加𗥹"嫁"的一部分组成。从文字上看第一字以"男""娶"二字合成，第二字以"女""嫁"二字合成，两字共同组成"结婚"（或"为婚"）一词。在语音上第一字与西夏语中的𗥬"舅"同音，第二字与𗤻"甥"同音。也就是说，在西夏语中"舅甥"和"结婚"两词在语音上完全相同。这种特殊的构词现象，证明在党项族社会中舅甥关系就是一种必然的姻亲关系，外甥娶舅舅的女儿为妻是当时社会约定的婚姻制度。对于这种婚姻制度，一般称姑舅表婚。

𗼲𗤉（为婚、结婚），第一字𗼲，由𗤒"男"加𗼲"娶"组成；第二字𗤉，由𗤓"女"加𗄡"嫁"组成。其语音：第一字𗼲=𗜓，音［乙］，"舅"意；第二字𗤉=𗤊，音［嗦］，"甥"意。可以看出，𗼲𗤉（结婚）=舅甥。

西夏党项族盛行姑舅表婚，从西夏语其他的词中也能找到旁证。西夏语中"婆母"𗤉𗤊一词，第一字为表示主要意义的词干，它与西夏语中的𗤒"姑"同音，并在字形构造上取"姑"的一半构成。这说明在西夏语中"姑"和"婆"是相通的。这和甥舅结亲的姑舅表婚相一致，外甥娶舅舅的女儿为妻，舅舅的女儿与其丈夫的母亲的关系既是姑母与甥女的关系，又是婆母与儿媳的关系。因此，在西夏语中"姑""婆"同称也是姑舅表婚的反映。

姑舅表婚在很多民族中都存在过。据调查，中国的少数民族中差不多有一半民族不同程度地残留有表亲婚。有这种婚俗的民族在亲属称谓上往往有明显的反映。如凉山彝语中"姑母""婆母""舅母""岳母"同音，"舅父""岳父""姑父""公公"同称，这是一种双向姑舅表婚的反映。西夏语中的岳父和公公是一个词，婆母和岳母也是一个词。一些藏缅语中的姑母、舅母和岳母的称谓也有这种现象。可以说语言中的这种亲属称谓的一致现象，反映了使用这些语言的民族在历史上曾经有过或还在实行着双向或单向的姑舅表婚。

根据西夏历史资料分析，这种婚姻形态不仅在党项族的历史上存在过，而且在西夏时期仍在实行。比如西夏第一代皇帝景宗元昊的生母和第一个妻子都是卫慕氏家族，因此元昊所娶卫慕氏也应是他舅舅的女儿。又如西夏第二代皇帝毅宗谅祚娶其舅父没藏讹庞之女为妻，第三代皇帝惠宗秉常娶其舅父梁乙埋之女为妻。这些都是西夏党项族实行姑舅表婚的典型例证。

近年我在翻译、研究黑水城出土的户籍文书时发现，有的家庭户主的母亲和妻子姓氏相同，她们都姓庞清氏。即婆、媳同姓，婆母是儿媳的姑母，户主的岳父是其舅父。这是西夏盛行姑表婚的真实反映。

以上这些都证明了西夏时期仍然实行着买卖婚姻和姑舅表婚，这对认识西夏社会具有重要价值。

西夏文韵书《文海宝韵》对汉族的"汉"字的注释中有一个词䋰䋷，发音为"阔脆"。考查这两个字中的第一个字，在西夏文中与字义为"布"的徙字同音。这个字的字形构成由"布"字左部和词义为"汉"的另一个字䋶合成。第二个字在西夏文中与字义为"衣"的巍字同音，这个字的字形构成又正好由"衣"的左部和"汉"字全字合成。这样就不难理解两个字本来的含义。原来党项人称呼汉人的所谓"阔脆"二字，是"布衣"之意。《番汉合时掌中珠》中有"布衫"一词，旁边所注的汉字读音即为"阔脆"。称呼汉人为"布衣"，反映了党项族人民在接触汉族人民时，由于本民族"衣皮毛，事畜牧"的习俗与汉族人民穿布衣、事农桑的特点这一明显的差别。这一称呼很可能是早期党项人对汉人的称谓。西夏文字创制时，为了书面上把称衣着的"布衣"和称呼汉人的"布衣"相区别，便在称呼汉人时用"布""衣"

二字的一部分分别加上"汉"字的字形。这种合成字法，在西夏文构字中是广泛应用的。这样我们可以从一个侧面来认识西夏党项人对汉族特点的认知。

在翻译西夏文社会文书时，通过内容当然会了解到很多新的资料，如人口、租税、买卖、借贷等重要社会状况。在语言资料中也会有新的发现。如有一些重要动词耕（买）［路lwə］、教（卖）［日识］、骸（取、借）［缪］、藉（贷）［啰］等，也有一些重要动词采用借用汉语词，如级（典）［丁］，泵（典）［顶］，反（包，包租）［包］，贡（雇）［郭］。

这些汉语借词可能表明西夏党项人过去在经济生活中有买卖等现象，借贷并不发达，"借"和拿取的"取"是同一个字，可能原来的借，就是拿取，并没有利息，后来才发展成有息借贷。而典当、抵押则是后来接触汉族，融入汉族经济体系后才开始兴起的经济行为。特别是土地的包租和雇佣人力和畜力，更是党项族学习汉族的农耕经济后才需要的词语，于是也就直接从汉语中借来使用。

另外，西夏在基层社会中有拟"甲"的组织，西夏文"甲"字也借自汉语。当时宋朝实行保甲制，西夏也效法这一基层管理制度。

以上这些都有助于我们理解西夏经济生活和社会组织的发展和变化。

3.重视和加强民族古文字文献研究

民族古文字研究具有多重意义和价值：

第一，文字学意义。研究古文字结构，破解死文字。西夏文很多文献用难以识认的草书写成，研究、破解草书也具有重要文字学价值。

第二，语言学意义。通过古文字文献，揭示古代语言，构拟古语言的语音，解释其词汇和语法，并可进行语言比较，确定语言间的亲疏关系，构拟古代语系、语族的原始共同语，深刻认识语言发展变化，寻求语言演变规律。

第三，历史学意义。古文字文献中的历史、法律、社会等文献本身具有巨大的历史学价值。语言本身也蕴含着历史学和社会学的价值，值得认真发掘，以便更深刻地理解古代社会。

近来，《自然》杂志发表了《交叉学科研究支持泛欧亚语系的农业共扩散假说》的文章，通过对语言学、考古学和DNA的研究成果进行深度交叉融合，提出日语、韩语、蒙古语等皆起源于中国北方地区。文章的第一作者是德国马普所-人类历史研究所的马丁·罗贝茨，第二作者是中国北京大学考古文博学院的宁超。这也是利用语言研究历史的一项成果。

（2021年11月20日为德国海德堡大学汉语系的讲座稿）

中国人民大学国学院的中华民族大国学特色

各位专家，上午好！

在中国人民大学国学院成立15周年之际，能受邀参加这样一次盛会我感到非常荣幸。记得5年前国学院成立10周年时，我也参加了庆祝会，近5年来国学院又取得了很多新的成就。在此，我对15年来国学院取得的巨大成就表示热烈祝贺！

中国人民大学国学院取得了多方面的成就，有很多特色，我现在只想强调一点，那就是中国人民大学国学院的中华民族大国学特色。

什么是国学？国学的定义是什么？会有各种不同的理解和阐述。我接触到几位国学巨匠，如季羡林先生、任继愈先生、冯其庸先生都认为国学不仅是传统的经史子集，而是包括中国各民族优秀传统文化在内的大国学。我非常赞赏这样的理念。而将这一理念付诸实施并取得巨大成就的当属中国人民大学国学院。中国人民大学的领导和国学院的领导从国学院成立之始，就认为国学除传统的经史子集外还应包括西域文化，包括藏学、西夏学、蒙古学等全国各民族传统文化。

中国人民大学国学院第一任院长冯其庸先生和我都参加中国国家图书馆组织的中华善本再造工程。记得在友谊宾馆开会时冯其庸先生找到我，提出中国人民大学国学院要培养懂得少数民族古代文字的人才，其中要开西夏文课，代表国学院正式邀我授课。我感到中国人民大学国学院在冯先生的领导下，能有这样的学术考量和长远布局十分难得。我感到盛情难却，义不容辞，当场接受了先生的邀请。我在2007、2008两年，在国学院开了两届西夏文课，每次一学期，每期讲15次课，每课3小时。当时具体主持这项工作的是国学院副院长沈卫荣教授。原来我招收博士生只教一个学生，效率很低。在中国人民大学授西夏文课时，每期有近30名学员，有的学生现在已经成为西夏研究的学术骨干。如学员魏文现在中国藏学研究中心从事藏学研究工作，他熟悉西夏文和藏文，近几年协助我编纂《俄藏黑水城文献》，主要负责其中的西夏文藏传佛教文献部分，作为副主编已经编纂了5册，出版了4册，同时还利用西夏文藏传佛教文献研究藏传佛教，很有进展。又如学员侯浩然在德国留学时组织了西夏文研修班，用我在中国人民大学授课时的讲义教学。近年来中国人民大学国学院又聘请俄罗斯的西夏学专家来国学院工作，加强了西夏研究和教学工作。

2007年，中国人民大学国学院成立西域历史语言研究所，我也荣幸地出席了挂牌仪式。多年来，国学院组织开设了梵文、突厥文、古藏文、蒙古文、满文等课程，开展了相应的研究工作，取得了学术界瞩目的创新成果，我感到国学院在这方面立意高远，胸怀宏阔，把国学研究提升到一个新

2020年11月13日在中国人民大学国学院成立十五周年庆典上发言

的高度。自古以来，中国各族人民共同开拓广阔疆域，书写文明历史，创造灿烂文化，培育民族精神。国学院的办院宗旨和实际实施效果，正符合这一精神，是使保存在古籍里的文字活起来的成功实践。

衷心希望中国人民大学国学院继续保持和弘扬这一办院特色，使国学院越办越好！

谢谢大家！

继承学会的良好会风，不断取得创新成果

各位专家、各位代表，大家好！

今年是中国民族古文字研究会成立40周年，今天大家聚集一堂，在宁夏大学举行中国民族古文字研究会成立40周年学术研讨会，我表示热烈祝贺！并预祝大会圆满成功！

回想40年前的1980年，在中国社会科学院和国家民族事务委员会的关怀和领导下，在老一辈学者季羡林、翁独健等先生的倡议和指导下，一批民族古文字中青年研究者热心组织、八方联络、具体安排，在承德市召开了第一次代表大会，正式成立了中国民族古文字研究会，选举著名语言学家傅懋勣先生为第一任会长，成立了职员班子，并举行了学术研讨会，很多部门领导和著名民族古文字专家出席了会议。会后一个多月，在民族文化宫举办了"中国民族古文字展览"，展出文物和文献一千多件，国家领导人乌兰夫、邓力群等先后参观了展览，很多国内外专家以及大量观众参观展览，产生了很好的效果。

中国民族古文字研究会的成立和"中国民族古文字展览"的举办，标志着一个新的学科的诞生。40年来研究会为推动民族古文字研究的深入开展，团结广大会员，做了大量

1980年8月在承德市召开中国民族古文字研究会成立大会合影

卓有成效的工作，举办了20多次学术研讨会，出版了不少论文集和资料集。集研究会之力编纂、出版的《中国民族古文字图录》（1990年）至今仍是这一领域的经典之作。研究会在初期就形成了团结、踏实、科学的良好会风。

为民族古文字研究和学科建设倾注大量心血的老一辈专家，多已经作古。为学会建设作出过杰出贡献的当年中年一代骨干也变成老年，也有多位离开了我们，如照那斯图教授、张公瑾教授、黄振华教授、耿世民教授、王尧教授、于宝林教授等，他们离世是我们研究会的重大损失。有的老会员还奋战在第一线，继续为这一学科的发展贡献力量。比如道尔吉教授，记得当时作为金启孮先生的研究生参加了第一次民族古文字会议。2016年我到贵阳开会时，特意到毕节看望了老会员陈英教授，他也是第一次会议的老会员，已经90高龄了，仍然在干休所整理翻译彝文文献。

可喜的是，现在我们的研究会已经成长起一批中青年研究专家。相信大家在新时代能够继承学会的良好会风，认真钻研，不断取得创新成果，为让古籍里的文字活起来作出新的贡献。

谢谢大家！

（2020年11月14日在中国民族古文字研究会成立40周年研讨会上的致辞）

不忘初心使命　锻造国家和人民需要的史学创新成果

各位领导、各位专家、各位来宾：

首先我作为本次郭沫若中国历史学奖获奖者之一对郭沫若中国历史学奖评审委员会表示衷心感谢！

郭沫若中国历史学奖是中国史学的最高荣誉奖，能获得这样的奖项，我感到十分荣幸。

说来我与郭沫若中国历史学奖非常有缘。非常幸运，这是我第三次获得郭沫若中国历史学奖。第一次是2002年我和本所同事雅森·吾守尔合著的《中国活字印刷术的发明和早期传播——西夏和回鹘活字印刷术研究》获第二届二等奖，第二次是2012年我著的《西夏社会》获第四届三等奖，本次是我著的《西夏经济文书研究》获二等奖。这次是中国历史研究院成立、习近平总书记发来贺信后的第一次郭沫若中国历史学奖颁奖大会，对我们获奖者来说具有特别的意义。

历史研究对国家、对社会具有重要意义。中国史学鼻祖司马迁所言"究天人之际，通古今之变，成一家之言"成为世代史学家的座右铭。习近平总书记在给中国历史研究院贺信中强调："历史是一面镜子，鉴古知今，学史明智。重视历史、研究历史、借鉴历史是中华民族5000多年文明史的一个优良传统。"这一重要论断概括了史学对社会发展的重要意义，也为当代史学家提出了重要历史使命。

中华人民共和国成立70年来，在马克思主义唯物史观的指导下，历史学发挥了重要作用，从中国历史中总结出很多带有规律性的认识，继承了历史上优秀的文化基因，吸收了大量利国利民的营养，为国家政治、经济、文化的发展起到了重要推动作用。

我是从事民族史研究的。从民族的角度研究中国历史，对增加和完善历史知识、借鉴历史经验、加强"五个认同"具有十分重要的意义。70年来，中国民族史研究的成就令人瞩目，是中国历史研究的一大亮点。习近平总书记在民族团结表彰大会上的讲话强调："一部中国史，就是一部各民族交融汇聚成多元一体中华民族的历史。"这一重要论断揭示出中华民族历史的本质特征，也体现出中国民族史学的重要性。

我的重点工作是研究西夏历史。过去由于历史资料缺乏，西夏王朝被称为"神秘的西夏"，西夏学被视为"绝学"。我们在中国社会科学院领导的关怀和科研局、外事局的支持下，将流失海外的大量西夏文献复制出版，实现了再生性回归，为推动西夏研究夯实了资料基础。我们不仅突破了西夏文翻译的难题，还闯过了西夏文草书翻译的难关，经多年研究出版了一批具有创新性、代表性的成果，增强了学术自信和话语权，为文化遗产"活起来"作出了自己的贡献。

史学研究有巨大的魅力。当我把数百片西夏文草书户籍、账目、契约等残叶经数年时间整理翻译成功时，感到十

2019年11月20日在人民大会堂举行"第五届郭沫若中国历史学奖"颁奖仪式

分兴奋；当我把这些新的资料考证缀连成系统的西夏经济、社会图景时，感到非常愉悦；再从这些史实总结出西夏社会的特点时，有了更大的获得感；再把西夏社会历史与宋、辽、金朝历史进行对照研究，看到几个王朝都认同中原地区的先进文化和制度，并且都传承着中国特有的"五行德运"，都认同中国时，从内心感到各民族对中国历史文化的高度认同，赞叹中国连绵不断历史文化的强大吸引力和延展力，体味到史学深邃的意蕴。当然也深切地认识到，民族政权分立时期，民族矛盾加剧，消耗大量社会资源，各族人民遭受苦难。这些认知提示我们，各族人民应该加强交往交流交融，珍惜民族团结，维护祖国统一。

作为获奖代表发言

我现在年事已高，但作为一名历史研究者还要继续坚守岗位，不忘初心使命，恪守为人民研究历史的理念，脚踏实地地做好资料搜集、发掘、整理、翻译，以及考证辨伪等基础性工作，寻求历史的真实。在此基础上提高研究视角，扩大研究空间，把微观研究和宏观研究结合起来，加深对历史上重要问题的思考，结合现实问题，力争在新时代锻造出国家和人民群众需要的创新成果。同时协助组织做好人才培养工作，为传承优秀文化遗产、推动民族史研究尽微薄之力。

谢谢大家！

（2019年11月20日在"第五届郭沫若中国历史学奖"颁奖仪式上作为获奖代表发言）

关注西夏陵和西夏博物馆

各位领导、同行们、朋友们，大家好！

今天，我非常荣幸作为专家代表参加这样一个热烈、庄重、喜庆的西夏博物馆开馆仪式并致辞。

西夏是由党项人在中国西北部建立的一个少数民族政权，历经十帝，于1227年被蒙古灭亡，享国190年，并产生了独具特色的民族文化。西夏王朝有辉煌的历史，有灿烂的文化。从其统辖范围、统治时间、国家实力、内部制度、文化特色看，西夏都是一个在我国历史、文化史上有重要地位，有突出特色，有重要贡献的政权。而西夏陵是西夏文明留存至今规模最大、等级最高、保存最完整的历史文化遗存，是当时多民族交往交流交融的历史见证。从历史学、考古学、建筑学、文物保护等方面来说，都具有极为重要的历史地位。在整个陵区50余平方公里的范围内，一共保存9座帝王陵和271座王公大臣的陪葬墓，为西夏王朝这一业已消失的独特文化提供了特殊的见证，也为我国北方地区在11—13世纪这一重要历史时期的多民族频繁交流发展提供了特殊的见证。

西夏灭亡后，元朝修前朝历史时未修西夏史，因此西夏史未进入正史序列，随着时间的流逝逐渐淡出人们的视野。进入20世纪以来，西夏遗迹与遗物的陆续发现，使西夏研究逐渐成为历史学、考古学、民族学、文献学研究的重要课题。中外史学界、民族学界的专家学者，在西夏语言文字、历史、社会、文献、考古、文化、宗教、西夏遗民等研究领域取得了举世瞩目的成就，掀起了西夏研究热潮。

在几代学者们的努力下，西夏研究成就斐然，发表文章5000余篇，出版著作200余种。先后有200余项西夏研究课题得到国家和省部级各类基金项目立项，同时也建立起了西夏研究的专门机构。

回想起1976年，我和同事白滨先生来宁夏，第一次考察西夏陵，白天踏查荒凉的帝陵和陪葬墓，夜晚住在陵区搭建的帐篷里，仰望星空，遥想西夏时期此地的金碧辉煌。43年后的今天，全面展示西夏历史文化的西夏博物馆落成。

西夏博物馆的落成开馆，不仅为阐释西夏陵突出普遍价值提供了平台，为西夏学更加广泛、深入、系统地研究提供了不可或缺的实物资料，也为民族学、西夏学研究提供了契机，对全面系统反映西夏历史、文化等各方面都具有重要的意义。西夏博物馆不仅为广大专家学者进行学术研究提供了一个不错的场所，为培植西夏学研究人才提供了一个良好的成长环境，还为广大人民群众系统展示了神秘的西夏文化，为普及这段历史知识，弘扬优秀文化遗产作出了实实在在的贡献。

希望更多的专家学者多关注我们西夏陵和西夏博物馆的未来并为之出谋划策，为西夏陵成功申报世界文化遗产提供

参观新建的西夏博物馆

智力支持和人才保障，为西夏学和民族学的发展作出我们的
应有贡献。

谢谢大家！

（2019年6月11日在银川市西夏博物馆新馆开馆活动上
的致辞）

流失海外百年的珍贵古籍再生性回归

——西夏文泥金写《妙法莲华经》出版

近日，流失海外100多年的珍贵西夏文古籍泥金写《妙法莲华经》三卷，由中华书局和天津古籍出版社联袂出版，书名为《法国吉美国立亚洲艺术博物馆藏西夏文献》。

《法国吉美国立亚洲艺术博物馆
藏西夏文献》书影

此西夏文古籍为800多年前西夏王朝的文化遗存，年代久远，版本珍贵，有极高的历史文化和版本艺术价值，它的流失和出版有着不平常的经历。

一、版本珍贵　价值不菲

西夏王朝是中国古代先后与宋、辽、金并立的王朝，主体民族是党项羌，创制并推行了记录党项羌语言的民族文字——西夏文。西夏向中原王朝学习借鉴，重视教育，实行科举，发展文化，推行印刷，形成了近两个世纪灿烂的西夏文明。西夏处于"丝绸之路"的东部，其左承中原地区，右接西域，远涉大食（波斯），展现出特有的文化风采。

随着西夏王朝的灭亡，党项羌逐渐融于其他民族，淡出历史舞台，其文字也成为无人可识的死文字，典籍文书亦被历史淹没，被称为"神秘的西夏"，后世竟难以见到传世的西夏文文献。

1. 唯一的西夏文传世古籍

目前所见西夏文古籍多是20世纪初叶以后出土的文献，主要是1909年在黑水城遗址（在今内蒙古额济纳旗）所出。而传世的西夏文书籍只有现在出版的这部西夏文泥金写本《妙法莲华经》，可见其有特殊的文献价值。此经如何从西夏传流至今，并无传承有序的记录。据贾敬颜教授在《历史研究》发表的《西夏学研究的回顾与展望》（《历史研究》1986年第1期）中介绍，清代学者鹤龄在北京清字（满文）馆供职时，曾从绥远城（今呼和浩特市）一古庙中得经一函八册，其标题为九个西夏文字，因该经卷数与偈语同《妙法莲华经》，鹤龄遂判断该经为《妙法莲华经》。现在出版的三卷《妙法莲华经》当是此经的一部分。至于此800多年前的古物如何从西夏故地辗转传至呼和浩特，至今仍是未解之谜。

2.精美考究的装帧形式

该经版本上乘，每卷一册。每册外有青绢面包覆硬纸函套，绢面描金花叶，侧面有两枚红色别子，面上相应位置有别子袢带。经折装册上下有硬纸黄绢封底、封面，面上绘有团花。经册为瓷青纸，厚实坚韧，卷首有该卷变相画一幅（两折），人物众多，绘制精细、繁复，右侧有八个双勾大字西夏文，译为"妙法莲华经契变相"，图中人物旁分别有西夏文榜题。其考究的装帧形式，在保存至今中古时期的古籍中十分罕见，具有很高的艺术审美价值。

3.光彩夺目的泥金写经

各卷经文以昂贵的泥金写西夏文，书法精湛，优雅秀美，清晰工整。展卷阅览，金光灿灿，满目生辉，赏心悦目。这样的写经应是西夏皇室所做，聘请书写高手精心抄写。

泥金写经由来已久，但早期唐宋本传世极少。敦煌石室所出几件泥金写经，皆为存世稀品，但多不完整。像西夏文《妙法莲华经》这样首尾全俱、保存完好、书法精湛的泥金写经卷，实在罕见，堪称国宝级古籍。

4.蕴含重要学术信息的珍稀版本

此经卷第一前有一篇序，始述此经之重要，次叙其三次译汉经过，再写西夏翻译此经始末。由序可知西夏"开国皇帝"元昊时期创造了西夏文字。汉文史书中关于西夏文创制时间记载有歧义，因而此序中元昊"制造文字"的记载，成为西夏文字始创时间的有力证据。此《妙法莲华经》的翻译时期较早，当在西夏惠宗在位时间（1069—1086）。

汉文《妙法莲华经》从梵文译为汉文主要有三译，其中以鸠摩罗什的二十八品译本影响最大。鸠摩罗什译本有七卷本、八卷本之分。传世文献以七卷本流行广泛，而八卷本则未见流传下来。七卷本和八卷本在内容上是否有出入、品次是否有变化，过去因无八卷本实物比对，难以做出判断。本书所印西夏文《妙法莲华经》译自鸠摩罗什八卷本，应是存世最早的八卷本，可用来与流行的七卷本比照对勘。此次出版做了对勘研究，原来七卷本和八卷本内容一致，只是分卷不同。两种版本第一、二、三卷所含各品都一样，第四卷以后才开始出现区别，八卷本比七卷本四、五、六、七各卷品数减少，最后形成第八卷。八卷本可能是为使每卷佛经页数相近，每卷一册，装为八册，厚度均一，而内容和品次顺序未作改变。

西夏文《妙法莲华经》八卷本的发现厘清了原来不很清楚的七卷本和八卷本区别的问题，对认识《妙法莲华经》这样重要的佛教经典源流，具有重要版本价值。

二、流失海外　辗转存藏

晚清时期，中国积贫积弱，列强入侵。一方面西方一些国家派遣所谓"探险队""考察队"到中国乱挖乱掘，非法搜罗，盗走不少文物，包括很多珍贵古籍。另一方面则是通过武力进攻中国，然后公开抢劫，使中国损失了很多有价值的古物，其中也有不少珍贵古籍。

此西夏文《妙法莲华经》原藏北京。1900年八国联军入侵中国，攻进北京后，各国司令官"特许军队公开抢劫三日"，实际上抢劫时间更长。北京陷于空前的战乱之中。入侵者不仅抢劫金银财宝、古玩细软，还抢劫文物、典籍等。本书刊布的西夏文《妙法莲华经》就是在这一战乱中，由法国驻北京领事馆专员乔治·毛里斯（Georges Morisse）、费尔南·贝尔托（Fernand Berteaux），以及当时正在此出差的伯希和（Paul Pelliot），三人一起在北京城内"白塔下一堆凌乱的废纸盒旧书里寻到的"。据记载，当时他们找到的经卷一共六册，被毛里斯和贝尔托瓜分，各得三册。

从此，这些中国珍贵古籍流落异邦，后辗转存藏，其中三册入藏法国吉美国立亚洲艺术博物馆，另外三册被法国人卖给德国人，存入德国柏林民俗博物馆。最近得知，德国所藏此经在第二次世界大战末期又转藏入波兰雅盖隆图书馆。

此经被掠走后，引起了当事人之一伯希和的重视。他曾于1902年在河内举行的首届远东研究会议上，将西夏文《妙法莲华经》中的一卷拿到会议上展示。

毛里斯1904年也曾简介其得到的三卷西夏文《妙法莲华经》。他提到第一卷首页贴有一张汉文的纸签，毛里斯借助这张纸签得知了经名，当然便很容易找到汉文经文与之对照。他用汉字对译了《妙法莲华经》卷第一前三页共18行，并初步通过西夏译文分析了西夏文语法。

毛氏的进步得力于中国学者。原来在此《妙法莲华经》卷第一首页贴有一张白色汉文纸签，在西夏字的右方已有工整秀丽的汉字注释，注明此为《妙法莲华经》。这样看来，在毛氏之前已有中国学者试通其文。此人应是此经的保有者——清代学者鹤龄。鹤龄当是西夏文成为"死文字"后，在破译方面首次取得较大成果的专家。

此后中国学者罗福苌、罗福成、邓隆等也对得到的此经个别页面做了研究，各有成就。

长期以来，这些流失异域的国宝级文献，埋没在国外的书库中，学界难以见到其庐山面目，甚感遗憾。对于此经的全面介绍和深入研究终因未能见到成卷的原文图版而难以有新的进展。

三、中法合作　魂归故土

我在20世纪60年代开始学习西夏文时，就从1932年出版的《国立北平图书馆馆刊》4卷3号（西夏文专号）中看到藏于德国柏林民俗博物馆的此经卷第一的经图和两面序言的照片。对流失法国、德国的这部重要古籍记挂于心。

改革开放以来，西夏研究和其他传统文化研究一样，逐步繁荣发展。20世纪90年代，我主持中国社会科学院民族研究所与俄罗斯科学院东方研究所圣彼得堡分所合作出版大型文献丛书《俄藏黑水城文献》的项目，陆续将流失到俄国的西夏文文献整理出版，经过20多年的努力，《俄藏黑水城文献》已出版26册，工作接近尾声。进入21世纪，开始考虑将藏于其他国家的西夏文文献也能刊布于世，以供国内外学者研究。

2010年9月，我到存有西夏文文献的英国、法国、德国、

西夏文泥金写《妙法莲花经》卷第二经图和卷首题款

瑞典，旨在考察流失到欧洲几国的西夏文献以及其他少数民族文字古籍。在法国吉美博物馆重点考察了伯希和从敦煌北区石窟得到的900多枚木活字（回鹘文），而未能阅览藏于该馆的西夏文《妙法莲华经》。好在2011年6月，我又受法国远东学院的邀请，与敦煌研究院院长樊锦诗等参加在法国巴黎举办的国际敦煌学研讨会。此次因事先已有联系安排，9月16日下午，专程到法国吉美国立亚洲艺术博物馆查阅三卷泥金写西夏文《妙法莲华经》，披览了心仪已久的珍籍。我

轻轻地取下经套表面的书别，小心翼翼地左右展开书衣，慢慢地翻阅折经经叶，仔细审视绀纸上的图画和文字，感到装潢华美、制作精细、面面锦绣、字字珠玑，堪称稀见精品。

　　我在欣赏此经风采的同时，内心五味杂陈。尽管我过去对其形制有所了解，但见到真品后，仍然为西夏时期能制作出这样近乎完美的文献感到震撼，同时也为我国贫弱之时文化遗存的流失感到痛心。目前我能以中国学者的身份来法国考察，与法方商讨在中国合作出版事宜，使之再生性回归，又颇增文化自信。

　　随后与该博物馆的图书馆馆长等专家会谈。因事先已有沟通，双方就合作出版这些珍贵古籍深入交换意见。我向法方介绍了与俄罗斯合作出版《俄藏黑水城文献》的成功经验

2011年6月访问法国期间在吉美博物馆查阅西夏文泥金写《妙法莲花经》

和对学术的贡献，并提出由法方提供原始资料图版，由中方编辑出版的具体计划。经过讨论，基本上达成了双方合作在中国出版此文献的共识。

回国后，与法方反复交换意见，拟定以中国社会科学院西夏文化研究中心的名义与法国吉美国立亚洲艺术博物馆正式签订合同。中法双方本着友好合作的精神，积极推动出版工作，规划出版细节，联系出版部门，撰写前言，翻译文稿，制作图版，密切磋商，历经五年，于今方克出版。

此合作成果是首次公开刊布这些珍贵古籍，使这部重要文献以原始面貌重光于世，为西夏资料宝库增添异彩，可以说是流失海外一项中国文化遗产的魂归故土，也使学术界得以真切地看到八百多年前的优秀民族文化遗产，看到遗失一个多世纪具有特殊文献价值的珍籍，殊感欣喜。

中华书局和天津古籍出版社合作担纲出版此书，十分重视，成功申报"十三五"国家重点图书出版规划项目和"国家古籍整理出版专项经费资助项目"。两出版社和负责具体筹划编纂的甘肃省古籍文献整理编译中心严谨负责，一丝不苟，认真组织编纂工作，特别是精制图版，保证图画线条、文字笔画清晰如故，色泽鲜艳如初，使此书高质量出版。

特别是负责此书出版的天津古籍出版社的杨连霞副总编辑，联络督促，到法国学习时还专程到吉美博物馆交流、沟通、考察，为出版此书做了大量卓有成效的工作。

（原载《古籍整理出版情况简报》2020年第2期）

在波兰克拉科夫市参加"第七届国际东方学会议"

附记：调查流失到波兰的西夏文泥金写《妙法莲华经》

西夏文泥金写《妙法莲华经》在八国联军入侵中国北京时，被法国人掠走，一部分存在法国吉美博物馆，一部分卖给了德国，后辗转藏入波兰。2017年美籍华人学者龙达瑞教授在波兰克拉科夫雅盖隆大学图书馆发现了西夏文泥金写经一卷，很快来北京找到我。我看了图版照片后，基本确认这就是当年从北京流失到法国，又存于德国，最后藏于波兰的西夏文《妙法莲华经》卷第五，并推测其他几卷有可能也存于该图书馆。

经龙达瑞教授的引荐，2018年我受波兰科学院东方学委员会主席马列克·梅约尔教授的邀请，出席了2018年10月在波兰克拉科夫市举办的"第七届国际东方学会议"。

10月22日上午，我作为会议嘉宾在会上做主旨报告，题目是《中国对流失国外西夏文文献的搜集整理出版和研究》。

2018年10月在波兰雅盖隆大学图书馆
拍摄西夏文泥金写《妙法莲华经》

与雅盖隆大学图书馆馆长托马斯·扎恰尔斯基（左）座谈

　　23日上午，我到雅盖隆大学图书馆查阅存藏在那里的西夏文泥金写经《妙法莲华经》，并拍摄了全部照片。同时帮助该图书馆鉴定了若干部中文文献。

　　23日中午，与雅盖隆大学图书馆馆长托马斯·扎恰尔斯基座谈，波兰科学院东方学委员会主席马列克·梅约尔教授在座。我希望雅盖隆大学图书馆今后继续在该馆寻找其他几卷西夏文泥金写《妙法莲华经》，然后依照中方与俄罗斯、法国合作的经验，双方合作在中国出版这些古籍，使之便于学术界进一步利用、研究。

刊布海外西夏文献　推动西夏学研究

　　西夏是中国古代一个有一定影响的王朝，前期与北宋、辽朝并立，后期与南宋、金朝鼎足。元朝修前朝历史时，只修《宋史》《辽史》和《金史》，而未修西夏史，因此有关西夏的历史资料非常稀缺。过去在修撰中国通史时，西夏往往被忽略，人们多知宋、辽、金，而鲜知西夏，深入研究"神秘的西夏"是中国历史研究的一个重要课题。

一、西夏文献流失

　　清末民初时期，中国积贫积弱，外国列强在中国横行无忌。一些国家的所谓考察队、探险队在中国肆意挖掘，盗走大量文物文献。1908—1909 年由俄国科兹洛夫（П. К. Козлов）率领的一支考察队，在中国黑水城遗址（今属内蒙古自治区额济纳旗）挖掘了大量西夏文物文献，以40匹骆驼驮载而去，存于俄国圣彼得堡，使中国大量珍贵文化遗产流失海外。这批文物中包括汉文文献、西夏文文献和藏文等其他少数民族文献，以及很多绘画、塑像等珍贵文物。其中以西夏文文献数量最多，总计有8000多个编号，约有20万面之巨。此外，英国、法国等也自中国攫取了不少西夏文献。

随着西夏研究专家们对西夏文文献的解读，逐渐了解到这些文献是西夏历史社会的真实记录，是研究西夏历史社会的第一手资料，正可弥补西夏史料之缺。然而这些流失国外的文献，除少部分随着藏储部门专家的研究被刊布外，绝大部分被束之高阁，他人无缘问津。一段时间中国的西夏学处于缺席或失语状态。

1976年，我和同事白滨为开展西夏研究到西北地区西夏故地考察3个月，辗转数省区后，来到魂牵梦萦的黑水城遗

1976年在黑水城遗址考察

址。看到满目荒凉、盗坑累累的场景，我百感交集，深为祖国文化遗产的丢失感到痛心，更加挂记着流失国外的文献和文物，期盼亲睹这些文化瑰宝，并使之公诸于世，以推进学术，慰藉国人。

二、探索寻觅流失文献

改革开放后，中国的西夏学有了显著进展，但仍受制于文献缺乏，难以见到流失异域的大量文献，只能利用苏联专家刊布的部分文献进行再研究。20世纪80年代，我和苏联西夏学专家克恰诺夫（Е.И.Кычанов）教授等通过信函建立了友好学术交往。1987年初，受中国社会科学院派遣，我与宁夏社会科学院的李范文先生前往苏联做学术访问，这是中国西夏研究学者第一次到国外考察流失的西夏文物文献。

在短短的3周学术访问期间，我们主要在入藏西夏文献的列宁格勒（今圣彼得堡）东方学研究所工作。这里的手稿部用12个高大、宽厚的书柜装满了出自黑水城的西夏珍籍，数量之巨，令人震惊。这些原始文献与享誉海内外的宋版书属同一时期，堪称国宝。我们每天如饥似渴地阅览文献。当我手抚这些流失异域的珍贵文献时，激动的心情难以名状。我们白天阅读、抄录资料，晚上整理笔记，收获很大。然而在那里我们只能摘录，不能照相、复印，加之时间短暂，所能见到、摘录的文献极为有限。这期间，我们还参观了著名的冬宫博物馆（今艾尔米塔什博物馆），其中的黑水城展厅陈列着黑水城出土的西夏精美的绘画、彩塑和印刷雕版等。

我们带着有限的满足和无限的遗憾结束了这次访问。

此后更坚定了我的信念，一定要使占国内外西夏文文献总量90%的俄藏黑水城文献公诸于世，让国内外学者都能方便地阅读、使用这些文献。

三、西夏珍籍"回归"

中国社会科学院的领导对流失到圣彼得堡的敦煌和黑水城文献十分重视，希望这些文献能早日整理出版。1991年，院领导确定由我与俄罗斯科学院东方研究所圣彼得堡分所联系合作出版黑水城文献事宜。我依指示致信该所副所长克恰诺夫教授，明确提出由我院民族研究所与该所合作整理出版藏于该所的黑水城出土西夏文、汉文和其他民族文字资料，出版和工作费用由我方承担。1992年5月，该所所长彼得罗斯扬和副所长克恰诺夫教授联名正式复函给我，同意与我们合作。1993年3月，我院正式邀请克恰诺夫教授来华访问，洽谈合作整理出版黑水城文献事宜，并正式签署协议，编纂大型珍贵文献丛书《俄藏黑水城文献》（以下简称《俄藏》），由上海古籍出版社出版。我院将此项目纳入重大项目，由外事局、科研局和民族所执行落实。

中方在1993年、1994年、1997年、2000年先后4次组团到圣彼得堡进行黑水城出土文献的整理和拍照工作，每次在圣彼得堡工作2~3个月，由俄方提供所藏黑水城原始文献，我们按计划进行全面整理、登录和拍照。中方参加这项工作的有民族研究所的专家白滨、聂鸿音，上海古籍出版社的编辑蒋维崧和摄影师严克勤。我们抱持弘扬国家文化遗产的情愫，珍惜机遇，每天延长两个小时工作时间，早出晚归，为国家文化遗产再生性回归争分夺秒地工作。

在俄罗斯专家们整理文献编目的基础上，我们对每一件文献都认真审阅，在建档卡片上登录40多个项目，包括编号、文献名称、汉译文、著（译）者、时代、类别、特点、纸张、墨色、字体、页数、行数、每行字数等。对已整理过的文献要做专业拍摄，当时尚无数码相机，皆以胶卷相机拍摄。我们每次都从国内携带大批胶卷和显影、定影药粉，往往使行李超重。对拍摄完成的胶卷当晚冲洗，次日与原件核对，然后归档。

我们前后共拍摄数万幅照片，使这批流失海外文献的原件图版回归中国，弥补遗珠之憾。

四、持续出版西夏文献

我们不远万里去获取这些重要资料的目的是将其全部出版，以推进学术。为及时将新资料分享给学术界，我们采取整理拍摄一部分，及时编辑出版一部分的方法，从第一次整理拍摄资料回国后，便紧张地进行分类编辑出版。全部分为四大类：汉文部分、西夏文世俗部分、西夏文佛经部分、其他民族文字部分。1997年已出版了4册《俄藏》，并于1997年4月在北京举行了隆重的首发式，全国人大常委会副委员长铁木尔·达瓦买提、国务委员司马义·艾买提、中国社会科学院党委书记王忍之、常务副院长汝信等领导同志和史树青、周绍良、马学良、蔡美彪等知名学者

60多人出席。大家对《俄藏》的学术价值给予高度评价，对专家们的工作精神表示赞赏。当年中国社会科学院成立了西夏研究中心。

《俄藏》除6册汉文文献外，其余多为西夏文文献。对西夏文文献定题、做叙录，都要求有很好的西夏文功底，明了每一件文献的内容，这就使编辑工作增加了难度，比编辑汉文文献要多花费几倍的时间，特别是西夏文草书文献更加大了编辑难度。我们第三次赴圣彼得堡整理文献时，专门向俄方要求查阅俄罗斯专家未整理登录的残卷。这些残卷分别放在110个盒子中，其中除很多是佛经残卷外，我们又从中发现了一批用西夏文草书写成的西夏社会文书，包括户籍、账籍、契约、军籍、诉讼状、告牒、书信等。此外，在一些西夏文佛经的封面内也发现了裱糊在其中的西夏文文书残页，加在一起共1000多个编号、1500余件文书。这些珍贵资料多属没有经过人为加工的历史档案，更为直接、真实地记录了西夏社会，有极高的学术价值，令人惊喜。我们调整了出版计划，在世俗文献部分增加3册社会文书。出版这些社会文书，需要一一定名，而定名则需要解破更为难认的西夏文草书，了解文献内容。识认西夏文楷书已属不易，破解龙飞凤舞的西夏文草书更需时间和毅力。我用了7年时间，逐步破译西夏文草书，并完成社会文书定题，使以前无法破解的残卷、残页化为珍籍出版。

后来在编纂佛教文献部分时，青年专家苏航、魏文参加了编辑工作。至2020年，《俄藏》历时28年出版30册，还有2册待出，即将全部收官。这是流失海外珍贵文献再生性回归的一个典型事例，也是借此推动西夏学学科发展的成功举措。此丛书先后两次入选中国社会科学院建院20周年、30周年优秀成果展览。

在《俄藏》的推动和影响下，藏于国内和流失于英国、法国、日本的西夏文献也陆续整理出版，使西夏文献更加丰富多彩。

本来世上已无一部西夏古籍，随着黑水城文献的出土，学术界了解到西夏的古籍可与同时期的宋、辽、金朝传世古籍相比肩。特别是将这些文献集中出版，使国内外学者便于利用，焕发了古文献的青春，更为学界瞩目。

《俄藏》的出版，使大量全新资料走出"深闺"，解决了基础资料"卡脖子"问题，改变了西夏学步履维艰的被动局面，催生出诸多学术增长点，为西夏研究开辟了广阔前景，使备受冷落的西夏学峰回路转、气象一新。近些年西夏研究的重要成就和主要突破点多以其为基础资料，一大批课题先后立项。2001年，中国社会科学院将《西夏社会》列为重点科研项目。我利用《俄藏》中西夏法典关于西夏社会的丰富内容和其他社会文书资料，结合汉文史料和其他考古资料，全方位地解构西夏社会政治、经济、文化、宗教、习俗等，填补了西夏历史的诸多空白，多方位地提高了历史认知，逐步揭开了西夏社会神秘的面纱。此书获中国社会科学院优秀成果一等奖。

《俄藏》的大量资料既反映出西夏的民族和地域特色，又突出表现出中华民族多元一体的特征。资料中有大量汉文文献，表明中原文化对西夏的深刻浸润。西夏人编纂的字典辞书等都汲取中原地区《说文解字》《广韵》等典籍的成法，特别是西夏的法典《天盛改旧新定律令》，更是依据《唐律》《宋刑统》加以改进而成。西夏还翻译了诸多汉文经典，如经书《论语》《孟子》《孝经》，史书《十二国》《贞观政要》，兵书《孙子兵法》《六韬》《三略》《将苑》，类书《类林》等。特别是为西夏人编纂了一部西夏文—汉文双语双解词语集《番汉合时掌中珠》，其中每一词语皆有西夏文、相应的汉文、西夏文的汉字注音、汉文的西夏字注音四项，是当时西夏党项人和汉人互相学习对方语言、文字的工具书，是目前所知中国第一部双语双解词典。大量资料证实西夏尊崇儒学，仿效中原官制，弘扬中原科学技术，对中国传统文化多方面学习、继承，表现出对中国的高度认同。

中国宋代发明了活字印刷术，对世界文化发展作出了重要贡献，但因缺乏早期活字印刷实物，个别国家的研究者对中国活字印刷术的首创提出质疑。中国社会科学院根据我和我所的回鹘文专家雅森·吾守尔的研究进展，在1998年作为国家交办任务设置"西夏与回鹘的活字印刷研究"重点课题。我们根据《俄藏》中十多种西夏活字印刷资料和国内出土的西夏文活字版文献，结合在敦煌莫高窟出土的回鹘文木活字，及时出版了《中国活字印刷术的发明和早期传播——西夏和回鹘活字印刷术研究》一书，论证在毕昇发明活字印刷术不久，地处西北的西夏和回鹘也继承、使用了活字印刷术，存留下宝贵的中国早期活字印刷实物，为中国发明活字印刷提供了扎实可信的证据，为维护中国活字印刷术的发明权作出贡献。此书获中国社会科学院优秀成果一等奖。这样使古文献发挥了"需要时也要拿得出来、用得上"的作用。

2011年，国家社科基金将"西夏文献文物研究"立为特别委托项目，由中国社会科学院西夏文化研究中心联合宁夏大学西夏学研究院合作承担。作为该项目的首席专家，我联合了数十位西夏学专家设置30多个子课题，其中很多是利用《俄藏》中的原始资料进行研究，最后获得不少优秀创新成果，如《黑水城出土西夏文医药文献整理与研究》《西夏姓名研究》《西夏法典与宋代行政法规及制度比较研究》《西夏汉传密教文献研究》等。此外一些专家利用《俄藏》中的资料潜心研究，也获得了很好的成果，如《〈同音文海宝韵合编〉整理与研究》等。有的项目还作为学术前沿成果被纳入"国家哲学社会科学成果文库"，如《俄藏黑水城汉文非佛教文献整理与研究》《西夏经济文书研究》《俄藏西夏历日文献整理研究》等。专家们利用《俄藏》资料进行深入、持续研究，衍生累累成果，填补了不少历史上的空白，仅专著就有数十部，其中不少获得国家或省部级奖项，西夏学已经成为冷门中的热点。近几年出版的"西夏学文库"又陆续推出了多部以《俄藏》资料为研究对象的成果。

《俄藏》中最大量的是西夏文文献。要利用、研究这些文献必须掌握好西夏文。而西夏文艰涩难懂，被视为"绝学"之一。随着《俄藏》陆续出版，相关部门如中国社会科学院民族研究所、宁夏大学西夏学研究院等单位加强了西夏文人才的培养，先后招收数十名博士生、硕士生，中国人民大学国学院两次开设西夏文课。特别是中国社会科学院西夏文化研究中心和宁夏大学西夏学研究院多次联合举办西夏文研修班，使很多在校学生和在职的青年研究人员都有机会进修西夏文课，掌握西夏文翻译技能。二十多年来，新的西夏研究人员不断成长，队伍逐步扩大，使"绝学"不绝。通过教学实践，2013年出版了采集诸多原始文献编著的第一部西夏文教材《西夏文教程》。2020年，此书被译为英文出版，中国的西夏学著作开始走出国门。

总之，整理出版流失海外的西夏文献文物，夯实了西夏学的资料基础，开拓了新视域，有力地推动国内外西夏研究的深入展开，促进了西夏学"三大体系"建设，增强了中国西夏学的话语权，并对中国古代的民族史、文化史、法制史、佛教史、印刷史、语言学、文字学、文献学都起到了推进作用。西夏文化是中华民族文化的组成部分，大量西夏文献的出版和深入研究，对探讨当时各民族之间的密切关系，对弘扬中华优秀传统文化，并从中汲取有益的历史镜鉴，都有积极的、重要的意义。

中国社会科学院重视"绝学"研究，于2008年、2016年两次将西夏文列为要扶持和加强的"特殊学科"建设项目。根据《中共中央关于制定国民经济和社会发展第十四个五年规划和二〇三五年远景目标的建议》中"传承弘扬中华优秀传统文化，加强文物古籍保护、研究、利用"的精神，我们在新时代要再接再厉，增强学术自信，持之以恒地挖掘新资料，在新的起点开始西夏研究的新征程，尽力打造出高质量的精品成果，为"书写在古籍里的文字都活起来"作出新的贡献。

（原载《中国社会科学报》2021年5月21日）

《木兰辞》中"军书十二卷"新解

——西夏军籍文书的启发

  《木兰辞》是一首北朝叙事诗歌，讲述了一个叫木兰的女子，女扮男装，替年迈父亲从军，在战场上杀敌立功，回朝后不愿为官，请求回家与家人团聚的故事。诗歌热情赞扬木兰勇敢善良的品质和保家卫国英勇无畏的精神，语言生动，脍炙人口，广为传唱，流传不衰。

  《木兰辞》作为古典优秀诗歌作品，历代专家做过很多注释和研究，在当代早已被选入中学课本，其中对原文也有详细注释。然而《木兰辞》中有的语句仍比较费解，有进一步阐释的必要。比如其中的"昨夜见军帖，可汗大点兵，军书十二卷，卷卷有爷名"，为什么军书有十二卷？为什么卷卷有爷名？学界有不同的理解和认识。有的只是做字面解释，把"军书十二卷"解释成"多卷征兵文册"，或认为是"十二道征兵命令"；有的认为"十二表示很多，不是确指"，解释为"那么多卷征兵文册，每一卷上都有父亲的名字"；有的认为表示"军情紧急，刻不容缓"；有的认为当时的军书会分门别类分为许多卷，成丁的一卷，分配任务的一卷等，军书十二卷可能是有很多不同的名籍文书。这些解释使人觉得莫衷一是，似乎仍未得要领，显得难以令人完全信服。

首先，我们应该弄清楚"军书"是什么？在存留的古籍中未见到古代军书的实物而难以论断。近些年来，我在研究出土的西夏文社会文书时，发现了其中有不少军籍文书，用这些古代的军籍文书或可以合理地解释"军书十二卷"的问题。

20世纪初，在中国的黑水城遗址（今属内蒙古自治区额济纳旗）出土了大批西夏文书，分别藏于俄国和英国，现已在中国陆续出版。其中包括不少社会文书档案，内中有50多件军籍文书，多以西夏文草书书写，完残不一。笔者经过数年钻研，逐渐破解西夏文草书，译释了其中内容。原来每一件军籍文书都是一个西夏基层军事组织各军抄士兵成员和装备的登记文件。"抄"是西夏基层最小的军事单位，一般由主力作战士兵正军和辅助作战人员负担（或称辅主）组成。

西夏实行全民（男子）皆兵的兵役制度。在西夏文献中军籍文书称为"军籍"。西夏法典《天盛改旧新定律令》中专门有"纳军籍法"，即军籍登记法。规定每年都要进行军籍登记，条文中有"年十五当及丁，年至七十入老人中"，即对15岁至70岁以内的男性进行军籍登录。

从多种出土的完整军籍文书可看到其格式和主要内容。第一部分是总叙军籍属地、首领、登记时间和总计，此后是具体登录各抄人员和装备情况，包括每抄正军、辅主的姓名、年龄和装备（马匹、铠甲等）情况，最后是被登录组织

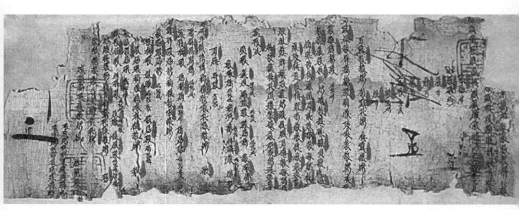

西夏文天庆戊午五年军籍

的首领和负责登录的主簿的签名，并于军籍上加盖多枚首领印，背面往往还有上级官员的审阅签署。为具体了解西夏军籍的真实面貌，以下介绍一件俄藏8371号天庆戊午五年（1198）军籍的原件图片及译文：

黑水属军首领梁吉祥盛，正军一种纳 告：

前自全军籍告纳天庆丁巳四年六月一日起，

至天庆戊午五年五月底，无注销，已做。三十种：

正军六

官马四

甲一

袯一

印一

辅主十七

　强十六

　弱一

一抄有三种，三抄有马，二抄无有。

一抄首领梁吉祥盛，人员十人，有三种，马，花色

正军吉祥盛，六十六

番杂甲：胸五、背六、胁三、结连接八、衣襟八……

四、臂十二、项遮一、独木下三、喉嗓二……

裙十二、更兜二、关子（三）、铁索五、裹节袋等全。

番杂披：红丹色麻六、项五、肩一、胸三、喉嗓二……

末十、罩二、马头套三、有结铁毡里裹袋等全

辅主九

八强：女乐，六十五；黑水盛，四十八；盛功？，

四十九；河水山，……

河水吉，四十五；成酉金，三十；心喜铁，二十

九；善盛，……

一弱：梁盛，七十

一抄梁恩兴吉，人员三人，马一种有，栗色

正军恩兴吉，四十九

辅主二强：吉祥势，二十六；吉功宝，二十七

一抄梁盛功酉，人员三人，无有。

正军盛功有，四十五

辅主二强：舅右，四十三；子功盛，四十二

一抄梁盛功犬，人员五人，有马一种（颜色）

正军盛功犬，三十二

辅主四强：心喜盛，五十九；千幢，二十三；五月

盛，二十二；老房，二十？

一抄依葶小狗奴 四十七单人马一种有 青（骡）

一抄道须操移? 九十七 单人无有

天庆戊午五年六月　　吉祥盛……

黑水属主簿命屈心喜奴

黑水属主簿命屈犬疤奴

　　由以上译文可见，西夏军籍登录项目很详尽，人名后有年龄。多件军籍登录后形成簿册汇聚于各地监军司后再上报朝廷。这样就会形成每一适龄男子军人随着时间的推移，会多次被登录在不同年份的军籍之中，形成一名后备军人出现在多卷军籍卷册的情况。

　　出土的军籍文书证实，在西夏社会基层是依西夏法典规定实施的。在军籍文书中发现了同一首领辖下士兵前后相差一年的军籍文书：如俄藏4196号应天丙寅元年（1206）军籍和俄藏4926-4号应天丁卯二年（1207）军籍。这两件文书同一首领，同为4抄，装备相同，人员相同。其人员有首领、正军律移吉祥有，正军律移吉祥酉、辅主有宝，正军律移酉犬、辅主势有盛，正军赵肃执芽。在前后两件军籍中，以上人员年龄各增长一岁。此外，还发现了前后差两年的军籍文书：如俄藏4926-9号军籍与俄藏7553-1号应天己巳四年（1209）军籍中，人员重合，同一人后者比前者长二岁。如正军嵬移驴子子在前一文书中46岁，在后一文书中48岁；正军地宁年长盛在前一文书中44岁，在后一文书中46岁；正军地宁小驴山在前一文书中41岁，在后一文书中43岁等。甚至还有前后相差4年的军籍文书，俄藏4926-11号军籍和俄藏4926-15号军籍中的人名多相同，只是后者比前者中的人员年龄大4岁。俄藏4926-13号与俄藏4926-14号军籍也是人员姓名相同、年龄相差4年的军籍。这更加明确地证实西夏确实按法典规定查检、勘合、登录军籍。

其实汉文史书中不乏对军籍的记载。如唐代韩愈的《上留守郑相公启》记载："愚以为此必奸人以钱财赂将吏，盗相公文牒，窃注名姓于军籍中，以陵驾府县。"（《昌黎先生集》卷一五）。又如《新唐书》记载："行军司马，掌弼戎政。居则习搜狩，有役则申战守之法，器械、粮糒、军籍、赐予皆专焉。"（《新唐书》卷四九下《百官四下》）。宋代张方平奏章中提到宋朝的军籍："委枢密院点勘军籍，其人数少者，即令团并；其马军无马，愿补填步人者，稍与补充近上衣粮优处军分；其有马者，即与团并足成指挥。"（《续资治通鉴长编》卷一六三）。宋朝曾巩在《本朝政要策·训兵》也记载："宋兴，益修其法，壮锐者升其军籍，老懦者黜而去之。"（《曾巩集》卷四九《本朝政要策五十首》）以上所提军籍都是指军人登记的簿册，与出土的西夏军籍文书性质相类。但过去未发现过古代的军籍样本，对军籍的具体形式和内容语焉不详。

西夏军籍文书的发现和研究对解释《木兰辞》中的"军书十二卷"提供了新的思路。《木兰辞》中的"军书"应理解成军籍文书。中国古代对军籍的登记有不同的时间规定，有的每两三年登记一次，有的如西夏是每年登记一次。西夏法典又规定，西夏对军人和装备的大型登录、检校是每三年一次。北朝时期实行府兵制，若每三年登记一次军籍，登录十二次的军籍卷册中每册都会有他的名字，便可以顺畅地理解"军书十二卷，卷卷有爷名"的语句。木兰的父亲从达到士兵入编的年龄，再经过12次登录，经过了30多年，年纪应在50开外，已是年老体衰，不适于参军作战，他又无成年长子，才出现了女儿木兰代父从军的故事。

（原载《光明日报》2021年8月2日）

古典学视域下的西夏学

中国少数民族文字文献研究属于大国学范围，其中有不少又是古典学研究的对象。我25年前发表过《西夏学与国学》的文章，11年前又发表了《少数民族文字古籍与国学》的文章。近代兴起的西夏学有古典学的典型特征，从古典学的角度审视西夏学，对进一步推进西夏学的深入发展有重要意义。

古典学多是以难以识别或已经死亡的文字为初始研究对象。近代西夏学即从已经死亡的西夏文的识认和解读为发端。北京居庸关六体文字刻石中有一种无人可识的文字，1870年，英国学者韦列认为是"女真小字"。12年后，法国学者德维利亚怀疑是西夏文。再过16年的1898年，当德维利亚考证了凉州重修护国寺感应塔碑铭和铸有这种文字的钱币时，始认定此种文字为西夏文。其实在这场争论之前90年，我国学者张澍于清嘉庆甲子年（1804），在家乡武威的大云寺中启封了被砌垒封闭的石碑，已经识别出碑文中的一种不识文字为西夏文字。11世纪创制的西夏文，在使用这种文字的党项族消亡以后，成为不为人识的死文字，在近代，国内外专家们经历了一番周折后重新被发现。西夏因历史记载的缺乏，被称为"神秘的王朝"。西夏文字的发现及后世对西夏文献的解读，为西夏历史社会增添了很多新资料，大有助于揭开西夏神秘的面纱。这种破解学术谜团的过程是古典学常见的学术路径。

古典学往往以解读不易掌握或难以解读的文献为重要工作内容。20世纪初，在中国的黑水城发现了大批西夏文文献，此后在中国多地又陆续发现不少西夏文文献。开始对这些陌生的文字文献全然不晓，如面对天书一般。西夏文字不仅是一份重要文化遗产，还是深入研究相关学术领域的重要手段，是解读文献的工具。国内外的学者们在探索的过程中历经艰辛，首先寻觅到黑水城出土的西夏文和汉文对照的词语集《番汉合时掌中珠》，通过此书了解部分西夏文意。专家们又通过西夏人翻译的汉文世俗和佛教典籍进行对照，经过几代人的长期摸索，从文字、语音、词汇、语法各方面不懈努力，逐步揭开西夏文这一死文字的奥秘。至20世纪六七十年代，才开始翻译西夏文文献中没有现成译文对照的西夏人的原始文献，取得了巨大进步。近20年来又突破了西夏文草书的识读，能大量翻译西夏文草书社会文书，如包括户籍账、租税账、商贸账以及大量契约在内的经济文书，包括军籍、军抄账、骑兵账、驮账在内的军事文书，还有其他官私文书和信函等。有的在中国古代文献包括出土文献中也是稀有甚至是唯一的，如军籍文书、刻本缴纳草税文书等，显得异常珍贵，具有特殊古典学价值。百年来专家们解读西夏文文献，并获得成功，符合传统古典学以古人留下的文献为核心研究对象的特点。可以在一定程度上说西夏学是古塔、古墓中所出典籍的学问。

古典学的深化是从单一的语言研究上升为包含古代生活状况的研究，是在语文学的基础上的延展和深入，西夏学的发展正好展现出这方面的特点。西夏文文献的内容包括语言、历史、法律、经济、军事、文化、习俗，以及自然科学中的天文、历法、印刷术、医药等方面的丰富知识。这些宝贵的文献丰富了西夏语言学、文字学、历史学、经济学、军事学、宗教学的研究资料，引起了国内外学术界越来越广泛的注意。这些内容经过专家们以科学的方法的揭示，渐次深入地展现出古代西夏社会生活方方面面的真实情境，使传统历史文献记载不详的西夏王朝的面貌逐渐清晰，使人们对西夏的认识变得鲜活生动，焕然一新。有的历史事实竟能得到四重资料的互证，如西夏首领印，有传统史书关于宋军缴获西夏首领印的记载，有近代陆续发现的100余方西夏首领印的实物，有出土的西夏法典《天盛改旧新定律令》关于西夏首领印质地、形制的规定，有出土文献中押捺首领印的西夏社会文书。很多西夏法典的规定，能在社会文书中得以坐实。西夏学利用古代文化遗存复活已经逝去古代王朝风貌的实践，具有古典学恢复古代社会生活的基本特点。

古典学的成果揭示古代社会的思想性、人文性，往往对现代的社会给以启迪，为社会发展提供积极的借鉴，产生现实的价值。在西夏学很多著述中，有不少具有当代价值的研究成果。如西夏在印刷术方面，无论是雕版印刷还是活字印刷都有突出贡献。特别是大量活字印刷古籍成为中国现存最早的活字印刷实物，对维护中国活字印刷术的发明权作出了重要贡献。又如西夏文献表明在西夏境内实行番、汉双语，提倡民族间要互相尊重。西夏法典《天盛改旧新定律令》中有关于各民族协和的规定。很多文献内容表明西夏在政治、经济、文化各方面借鉴中原王朝，表明对中国的认同。一些西夏文社会文书，如户籍、契约等显示出西夏存在族际通婚现象，是中国古代民族融合的典型实例。这些使我们更深刻地认识到中国古代民族间交往交流交融的密切关系，为我们进一步认识历史上的民族关系和民族政策提供了更为真实的资料，便于我们对历史的借鉴。

西夏学具有古典学的主要特征，而且各方面比较典型。从古典学审视西夏学，可以使我们注重发挥古典学的优长。要注重揭示古文字本身的奥秘，把这门既是研究对象又是工具的学问下功夫深入钻研，努力掌握好。要注重对文献的深入解读，特别是将重点放在诠释古代社会生活方面，以得到有益的启迪。这样能使我们将主要精力放到重要文献的整理研究中，避免碎片化倾向。我们会更加明确古典学视域下的西夏学是既有重要意义，又是有很大难度的学科，青年专家从事此类研究要做好能吃苦、能下硬功夫的思想准备。

中国古代文化遗存十分丰厚，种类繁多。我国近代、当代的一些学术前辈对奠基、发展中国古典学作出了重要贡献，如王国维、罗振玉、陈寅恪、赵元任、罗常培、季羡林等名家，都曾经研究过难以识别的古文字，多数还是某一种绝学的开创者。王国维、陈寅恪、赵元任、罗振玉都涉足初期西夏文研究，罗福成、罗福苌、王静如等前辈对西夏学作出了杰出贡献。前辈学者的成就，促进了中国古典学的发展。

近年来，国家特别提倡对"绝学""冷门学科"或称"特殊学科"的研究。国家社科基金近几年来将一批带有古典学特点的学科列入"冷门绝学"专项，给予立项资助支持。相信类似西夏学这种具有古典学特征的学科会有更好的发展前景。

（2022年11月15日在中国人民大学国学院举办"中国古典学问题与方法"学术论坛上的发言）

西夏文物整理研究的新进展

文物是历史遗留下来具有历史、艺术、科学价值的遗物和遗迹，它是历史文化的表现形式，可以作为形象性的史源去研究历史，去复原更为真实的历史。文物可以帮助我们认识和恢复历史本来的面貌，特别是王国维先生提出二重证据法后，将历史文献记载和出土的文献、文物相结合，使历史研究在不断发现新文物、不断重新解读文物的过程中有了更多收获。

一、西夏文物的重要学术价值

1.对西夏研究的重要价值

在长于记载各朝代历史的中国史料库中，西夏历史资料凸显简约粗疏，与西夏王朝的历史地位殊不相称。尽管还有宋代其他资料可做补充，但与宋、辽、金朝相比，西夏历史记载实属挂一漏万，难与其他朝代同日而语。西夏历史因资料匮乏而显得模糊不清，后世称西夏为"神秘的王朝"盖源于此。

历史又给了复原西夏历史以新的契机。近代以来，在西夏故地陆续出土了大量西夏文物，使西夏历史文化增添了一批又一批珍贵而鲜活的实物资料。

西夏文物从不同的侧面反映了西夏的社会活动、社会关系、意识形态，以及当时人们利用自然、改造自然的状况，往往是西夏政治制度、经济生活、文化艺术、风俗礼仪、宗教信仰的综合产物。越来越多的西夏文物可以大大丰富我们对西夏王朝的认知，是研究西夏历史文化极为重要的遗产。特别是对西夏这样缺乏文献记载的王朝，文物可视为西夏历史文化积淀的根脉，往往是认识西夏大量重要问题的主要依据，可为重新复原西夏历史提供关键性素材。

2.对中国历史文物的重要价值

过去对西夏文物知之甚少，在中国文物考古学中很少提及，近代以来，越来越丰富的西夏文物补充了这一缺环。西夏文物中有很多有时代和民族特色的文物，在辽宋夏金时期非常突出，如坐落在宁夏回族自治区银川市西郊规模宏大的西夏陵遗址，发现于内蒙古自治区额济纳旗的黑水城遗址。有的文物在那一时期只有西夏保存了下来，如大量的西夏文社会文书，直接反映了当时的基层社会。有很多文物生动地反映了当时密切的民族关系，有助于认识和书写中华民族共同发展史，可见西夏文物对研究中国历史有着不可忽视的重要学术价值。

3.对研究"丝绸之路"历史的重要价值

西夏位于"丝绸之路"的重要路段，当时是接"丝绸之路"链条的一部分。因西夏的存在，使中原地区与西方的联系有所影响，但西夏本身也利用"丝绸之路"与西方开展了经济文化诸多方面的联系。西夏文物反映出西夏与西方大食国有着经济贸易往来，还有展示西夏与印度在佛教方面往来的文献，在西夏石窟中显示出东西方文化的交融。显然，这些文物对研究那一特殊时期的"丝绸之路"的历史有重要价值。

二、西夏文物调查、整理和研究的回顾

20世纪50年代以前，对西夏文物调查研究很少，所涉及不多的西夏文物，多为有文字者，如著名的凉州碑、居庸关过街塔门洞内六体文字石刻、西夏印章、钱币等。

1964年，由中国科学院民族研究所和敦煌文物研究所共同组成西夏洞窟调查研究组，对敦煌莫高窟、安西榆林窟的西夏洞窟进行系统考察，由常书鸿、王静如二位主持，北京大学宿白先生作顾问，李承仙先生任秘书长，民族所史金波、白滨，敦煌文物研究所万庚育、刘玉权参加，甘肃省博物馆的陈炳应也参与调查。这是西夏研究和敦煌研究相结合，西夏历史研究和艺术研究相结合，中国科学院和地方研究机构相结合的一次合作，双方互联互补，为西夏学和敦煌学建设开辟了新的路径。此次考察大大改变了对莫高窟、榆林窟洞窟布局的认识，对西夏研究和敦煌研究都起到了促进作用。

1971年，宁夏博物馆对宁夏贺兰山东麓的西夏陵进行了考察，并向国家文物局进行汇报。1972年经国家文物局批准，开始对西夏陵的八号陵（今六号陵）进行发掘，发掘工

作持续进行至1975年，对帝陵碑亭和4座陪葬墓做了发掘。这是在国家文物部门的组织领导下，第一次自主地、有计划地对西夏重点文物的科学考察和发掘。

1972年，在甘肃省武威市发现了一些西夏文物、文献。王静如、史金波和黄振华对这批文献进行考证，1974年先后发表在《考古》杂志上。

1975年，中国科学院哲学社会科学部（中国社会科学院前身）恢复业务，西夏研究被列入民族所科研计划。当年史金波、白滨去河北省保定市调查在韩庄出土的西夏文经幢。1976年，两人又到西北西夏故地对西夏历史、文化、文物进行广泛考察，历时3个月，收获颇丰。这是中国西夏研究者首次对西夏故地进行系统考察。

1981年，史金波、吴峰云到安徽等地调查西夏后裔近两个月，考察西夏后裔遗址遗迹，并调查后裔族谱。

20世纪80年代，对西夏文物进行综合研究的有陈炳应著《西夏文物研究》（1985年），史金波、白滨、吴峰云著《西夏文物》（1988年），专题调查研究的有宁夏博物馆发掘整理、李范文编释的《西夏陵墓出土残碑粹编》（1984年），马文宽著《宁夏灵武窑》（1988年）。

1988—1995年，经国家文物局批准，敦煌研究院对莫高窟北区先后进行了6次考古发掘，其中包括很多与西夏相关的洞窟。

20世纪90年代以后，有更多的西夏文物调研成果问世，如雷润泽、于存海、何继英编著的《西夏佛塔》（1995年），许成、杜玉冰著《西夏陵》（1995年），中国国家博物馆、宁夏回族自治区文化厅编《大夏寻踪——西夏文物辑萃》（2004年）。后宁夏文物考古研究所编著一系列重要著作，如《闽宁村西夏墓地》（2004年）、《拜寺沟西夏方塔》（2005年）、《山嘴沟西夏石窟》（2007年），又与银川市西夏陵管理处合作出版《西夏三号陵》（2007年）、《西夏六号陵》（2013年）。牛达生先后出版《西夏考古论稿》（2013年）、《西夏钱币研究》（2013年）、《西夏考古论稿（二）》（2018年）等。

三、西夏文物调查、整理和研究的新进展

西夏文物中储存于博物馆或研究所的可移动文物，秘藏馆阁，难得一见；处于西北大地上的诸多不可移动西夏文物，分散各地，不易寻访。

随着中国文物考古事业的蓬勃发展和西夏研究的不断深入，西夏文物的调查、整理和研究工作也取得新进展。

2011年，在国家社科基金特别委托项目"西夏文献文物研究"中设立重大项目，编纂出版大型《西夏文物》系列丛书。

此项目由中国社会科学院西夏文化研究中心、宁夏大学西夏学研究院、甘肃省古籍文献整理编译中心联合宁夏、甘肃、内蒙古文博部门和敦煌研究院等单位进行。

此项目得到国家文物局的大力支持，国家文物局办公室向有关省区发出了《关于请支持中国社会科学院〈西夏文物〉编纂出版工作的函》。

各省区数十位文物考古专家，对存世西夏文物开展全面

2011年12月国家社科基金特别委托项目"西夏文献文物研究"
召开子课题开题论证会

2014年在宁夏大学召开《西夏文物》编纂工作会议

系统的调查、整理和研究，构建较为完整的西夏文物资料体系，力图出版内容丰富、资料翔实的西夏文物调研成果，表现出可贵的合作精神。这期间，召开了多次《西夏文物》编纂工作会议。

2016年11月在敦煌研究院（敦煌）召开《西夏文物》编纂工作会议

　　大型文物资料丛书《西夏文物》，共分5编35册。现已出版3编22册，其中有甘肃省博物馆馆长俄军主编的《西夏文物·甘肃编》6册、内蒙古博物院院长塔拉和李丽雅主编的《西夏文物·内蒙古编》4册、宁夏博物馆馆长李进增主编的《西夏文物·宁夏编》12册。另外两编是敦煌研究院名誉院长樊锦诗主编的《西夏文物·石窟编》8册、宁夏大学西夏学研究院院长杜建录主编的《西夏文物·综合编》5册，已编纂完成，待出版。

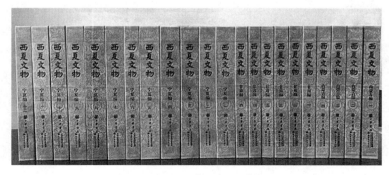

已出版的《西夏文物》

《西夏文物》5编的编辑、出版，显示出西夏文物整理、研究有了新进展：

一是创新设计，创新编纂出版。系统出版一个王朝的文物，涉及多地区、多部门的大量文物，这是一次大胆尝试。经过十多年精心编纂、多部门密切合作，已顺利完成，从效果来看，这是一次成功的尝试。

二是利用了大量新成果。编纂工程中，专家学者们在历次文物普查的基础上，对各地的西夏文物又进行普查和整理。如关于西夏的古城遗址，有不少是这次重新确定的，是编纂过程中得出的新成果。无论是遗址，还是可移动文物，亦或是石窟艺术，各编中刊布的新发现、新材料不胜枚举，都将成为今后西夏学发展新的学术增长点。

三是内容十分丰富。此次出版的《西夏文物》中不仅包括了西夏故地的宁夏、甘肃、内蒙古等地，还设置综合编，包括了上述地区以外的全国其他各地区所有存藏的西夏文物，应收尽收。并以"大历史观"的开阔学术视野，不仅收录了西夏时的文物，还上推到西夏未建立政权时期的唐、五代、宋初夏州党项时期的文物，也包括西夏灭亡以后西夏后裔所涉及的文物。

在所收文物中，每编下设遗址、金属器、陶瓷器、石刻石器、木漆器、塑像、绘画、织物、文献、建筑构件、其他等卷，卷下再设若干类。书中依次布列文物图版，每一文物尽量采用多维角度的图版，同时注重以科学、准确的文字说明。

四是资料翔实。比如此次在《西夏文物·内蒙古编》中首列黑水城遗址，用了48页的篇幅，除有文字介绍外，有很多清晰的图版，包括鸟瞰图、平面图、远景图、近景图、局部图、过去拍摄的资料图、立面示意图和平面示意图等，提供了大量前所未有的新资料、新数据。又如在《西夏文物·宁夏编》中的西夏陵，由于考虑到9座帝陵和200多座陪葬墓的丰富内涵，使用了3册1300多页的巨大篇幅，全面展现了西夏陵从宏观到细微的面貌，尽力提供了翔实的文物资料。

五是实事求是，尊重科学。特别是对文物是否属于西夏时期尚有不同意见者，在收录时要如实注明不同意见，以供读者参考。

四、两点建议

一是希望此书出版后，专家们充分利用新刊布的西夏文物进行深入研究。在西夏学推进中，既重视文字文献，同时也重视文物，并将两者密切地结合起来进行深层次研究，得出创新成果。

二是加强西夏都城中兴府的考古工作。中国的考古对历朝历代的都城都十分重视，西夏的中兴府有很多未解之谜，关系到西夏历史文化的大事。希望做好计划，抓住时机，补足短板，争取有新的突破，新的收获。

（2022年12月12日在"丝绸之路文化遗产保护与利用国际产学研用合作研讨会"上的发言）

罗雪樵先生藏西夏文《大方广佛华严经》亲历记

一、西夏文文献的珍贵性

在中国历史上，宋辽夏金时期是一个历时3个多世纪的重要历史时段。因元代修史时，仅修宋、辽、金三史，而未修西夏史，致使西夏史料匮乏，往往被视为"神秘的西夏"。

自20世纪初以来，陆续发现了不少西夏文文献和文物。开始这些无人可识的西夏文文献，既给人们带来了解读神秘西夏的希望，又遭遇到解读早已死亡的西夏文的难题。

百余年来，包括中国、俄罗斯、日本、英国、法国、美国等几代专家们持续的艰苦努力，西夏文逐步被解读了，西夏文古籍变得活起来了，其学术价值受到学术界和社会的重视。

由于西夏文文献的发现、解读，以及国内外藏西夏文文献的相继出版，催生了西夏学的形成和持续发展。以释读和研究西夏文文献为内容的国家社科基金项目，以及教育部和相关省区的科研项目层出不穷。以西夏文文献为研究对象的硕士、博士论文以及博士后出站报告，如雨后春笋。目前，西夏学已经从冷门学科过渡为基础学科的热点之一。国家社科基金在前几年已经把西夏学列入了冷门绝学学科，给予特殊的培植和关照，为西夏学的发展搭建了新的平台。

在古籍界，因宋版书保存下来的极少，百不一存，皆为文物性善本，因此业内皆以宋版书为贵。西夏文古籍多为西夏时期，部分为元代，个别为明代。西夏与宋朝同时期，因此西夏文古籍多与宋版书同时期，其文物价值当不一般。西夏文古籍为当时少数民族文字写印，更显示出其特点，还具有难以释读的神秘感。此外，西夏古籍多为近代才被发现的文献，尚保留着古籍原始样貌，除经折装、卷装外，还有蝴蝶装以及当时流行的缝缋装，其原始版本价值也备受重视。特别是西夏时期的资料缺乏，西夏文献往往能提供新的资料，填补历史空白，增加新的认知，这就更明显地丰富了学术价值，其身价自然也不断抬升。

二、1972年在北京图书馆整理馆藏西夏文文献

我自1962年开始在业师王静如先生的指导下学习、研究西夏文及其文献。1964年，参加常书鸿先生和王静如先生领导的莫高窟、榆林窟西夏洞窟考察组，负责抄录、翻译洞窟中的西夏文题记。1972年到北京图书馆（今中国国家图书馆）整理藏在那里的西夏文文献。

这批文献主要来源于民国初年的宁夏灵武。相关文献记载表明，1917年在宁夏灵武发现了这批西夏文佛经，由当时

的知县余鼎铭处理。后这批西夏文佛经主要入藏北京图书馆，其中有刻本和活字本。北京图书馆所藏活字版《大方广佛华严经》有两部，由两种稍有区别的纸印成。因此，有些卷有复本，如卷第三十三、三十五、四十五、六十五、六十六、六十九、七十、七十一、八十等即是。宁夏灵武所出西夏文佛经一些分散于宁夏、甘肃私人手中，有的则流失海外，当然还有一部分可能遗失了。

此种西夏文《大方广佛华严经》被考订为活字版，首推罗福苌先生。他早在20世纪20年代已做出了准确的结论。1958年后日本藤枝晃氏又罗列证据，进一步证明。1966年西田龙雄氏亦补充事例详加论述。1972年王静如先生又以宁夏所藏《大方广佛华严经》再次论证。当时我在北京图书馆亲手一卷卷整理这批活字版《大方广佛华严经》，对五十多卷经册细致梳理，寻求特点，更有一些新的体会。

首先，可以发现各卷经文墨色深浅不一，不少常用字色浅，经背透墨也少。可能因当时活字排版，各字所备数量有限，各卷中出现频率较高的字，开始尚可供排拣，后因用此等字过多，备字用尽，只好暂阙。经印成后，再以该字沾墨打印，其墨色自浅，有的甚至字形歪斜。如卷第十二的大、不、皆、之、无、顺、因等字，卷第三十二的梵、行、令等字，卷第三十四的迥、趣等字，均是此种情形。

最为重要的是此《大方广佛华严经》卷第四十最后一页题款中的"选字工"即为排字工匠，可证为活字排版无疑。又日本京都大学所藏西夏文《大方广佛华严经》卷第五末尾附题记一条，汉译为"发一全愿令雕碎字勾管印造者都罗慧性"，其中"碎"字当指活字，更证明这种《大方广佛华严经》确为活字板。

三、1976年初识雪樵先生藏西夏文《大方广佛华严经》

我和本所同事白滨都从事西夏研究，早有考察西夏故地的设想。1976年5月，经研究所批准启程到西夏故地调查，考察山川地理，调查西夏遗址遗迹，搜集有关资料。从北京出发后，一路经山西太原、陕西西安，自铜川进入陕北西夏故地，辗转到相关各县调查，收获颇丰。1976年7月14日从陕西定边县到银川市，这里原是西夏的首府中兴府。15日与宁夏博物馆取得联系、16日上午罗雪樵先生热情地来我们住的招待所看望我们。他已经从宁夏博物馆那里知道我们到了银川，我们也早已知道他是银川的文化名人，对中国传统文化抱有深切情感，还保存有珍贵的西夏文献资料。我

罗雪樵先生

们在招待所相谈3个小时，主要议题是西夏。罗先生当时已年过古稀，仍精神矍铄，侃侃而谈，思维十分清晰。因事先知道他需要一部查找西夏文字的工具书，我们给他带去了日本西田龙雄教授出版的《西夏文小字典》，他拿到后如获至宝，十分高兴，表示要尽快抄写。我们也为老先生执着追求所爱行业的情愫和顽强学习的精神所感动。

7月20日，我们冒雨到罗先生家拜访，罗先生热情地给我们展示了他保藏的西夏瓷器和西夏文佛经。瓷器有磁盘、瓷碗等，而两卷西夏文《大方广佛华严经》更使我们眼前一亮。因我有整理北京图书馆藏西夏文佛经的经历，翻看罗先生所藏经册，一看便知是旧藏珍品，与北京图书馆所藏同是难得的元代活字版佛经，为卷第二十六和卷第五十七。我们想将这些西夏文物、文献拍成照片，罗先生慷慨允应。当时只拍摄了瓷器，约定下次再拍摄佛经。

7月25日（星期天）上午，我和白滨如约再次来到罗先生家拍摄西夏文佛经《大方广佛华严经》卷第二十六和卷第五十七。当时我们使用的是所里公用的老旧120照相机，因在室内拍摄，光线较暗，相机速度要求较慢，必须固定相机。因所戴三脚架太高，只能将三脚架绑在高度适合的一条板凳上。拍摄时由白滨固定相机，我负责调整照相机的速度、光圈、距离，每拍一张要移动佛经页面。拍完一卷12张以后要换胶卷，共拍了五六个胶卷。我在当天的日记中还记载了拍摄条件：阴天，室内，F/5.6~F8，1/50秒（F代表光圈，1/50秒是相机使用速度）。这些记载是为了冲洗过胶卷、印成照片后，核对原来所用光圈、速度掌握是否合适，以便取得室内拍摄经验。

我们在银川考察的10多天中，与罗先生见面4次，看来我们很有缘分。今回想起47年前的情景，仍历历在目，令人难忘。

四、2005年出版《中国藏西夏文献》中的"罗雪樵卷"

中国国内存藏的西夏文文献也很丰富，以中国国家图书馆所藏最富。其中宁夏灵武所获佛经的大部分于1929年运至北京，当时专家认为"此项经文从未见于著录，最为稀世之珍函，应集中一处，供学者之研究"。当时的北京图书馆对这批文献十分重视，不惜用去全年购书费的百分之九点一（计九千七百二十元）购买下来。入藏西夏文文献计百余册，蔚然成为大观。

20世纪中叶以后，甘肃的敦煌、武威，内蒙古的黑水城、绿城，宁夏的贺兰县宏佛塔、贺兰山的方塔、山嘴沟石窟，以及陕西、新疆等地又陆续发现和收藏不少西夏文献。这些分藏国内各地的西夏文献，总计在一万面以上，皆为数百年前的珍贵古籍，以善本入藏，是西夏研究的重要资料，有很高的学术价值和文物价值，越来越引起研究专家和收藏家们的关注。

对国内所藏西夏文献，过去已有专家进行整理，并编制目录，作了大量有益的工作，但从未系统、全面出版，国内外专家查找、利用这些文献十分不便。为便于利用文献，弘扬学术，保护原本，我们联合各有关部门，精心编印，集结出版《中国藏西夏文献》，以飨学界同仁。

宁夏大学在2001年将编纂出版《中国藏西夏文献》申报为教育部重点基地项目，并得到批准。不久宁夏大学与甘肃五凉古籍整理研究中心合作，正式启动这一项目，由我和陈育宁先生做总主编。当时全国有20多个部门联合参与，大家踊跃提供所藏西夏文献。后来于2005年至2007年先后出版大型系列文献丛书《中国藏西夏文献》（8开本）20册。这不仅是中国古籍整理工作中一项重要工程，也是学术界团结协作的一段佳话。

《中国藏西夏文献》全20册

《中国藏西夏文献》分北京编、宁夏编、甘肃编、内蒙古编、陕西编、新疆编、金石编，其中第13册宁夏编包括宁夏回族自治区博物馆藏卷、宁夏回族自治区文物考古研究所藏卷、罗雪樵藏卷。

"罗雪樵藏卷"即原罗雪樵先生保藏的西夏文《大方广

佛华严经》卷第二十六和卷第五十七。当时罗先生已经过世，要出版这两卷必须联系先生的家人。在联系过程中，汇集编纂文献的负责人说，罗先生家人已经搬家，联系不到，问我还有没有当年拍摄的照片？我从过去30年前的底片档案中找出原来所拍摄的罗先生所藏文献的底板，提供给了编辑部，使"罗雪樵卷"顺利出版。想当年我们与罗先生真诚的学术交往，特别是罗先生乐意我们拍摄文献，事过30年后还真派上了用场，使得珍藏的文献得以广为传播，未造成遗珠之憾。"罗雪樵卷"顺利出版，有机会使罗先生的藏品面世，使世人一睹先生所藏珍贵文献的真面目，专家们能利用这些古籍从事研究，罗先生知道也会含笑九泉。

《中国藏西夏文献》第13册的"宁夏回族自治区博物馆

《中国藏西夏文献》第13册及"罗雪桥卷"卷首

藏卷"是西夏文《大方广佛华严经》卷第七十六，也是罗雪樵先生早年慷慨赠给宁夏博物馆的。罗先生对国家文化事业的热爱和大力支持，值得我们赞赏和学习。

五、又见罗雪樵先生藏品

近几年来的一些拍卖会上，西夏文文献一直走红。在大量伪造西夏文赝品、假冒文献充斥的环境下，竟也有西夏文真品出现，有的还很有历史文献价值，被研究专家和收藏家所看好。

前不久，中贸盛佳拍卖公司任国辉同志与我联系，让我看一件原罗雪樵先生藏品。当打开文献后，我一看觉得非常熟悉，这就是40多年前在罗先生家看到的旧物，睹物思人，感慨万千。罗先生学问深湛、善良纯真、待人谦和的精神风范历历在目。

将这卷文献与在《中国藏西夏文献》出版的"罗雪樵卷"卷第五十七相比较，就连页面的小的印痕也完全符合。翻开佛经背面，能见到活字版排印时以字为单位背面透墨深浅不一的特征，这是赝品难以仿制的。再检看一些使用很多的常用字，如"一切"（西夏文为"皆皆"）等，因活字排版所备活字数量有限，后来备字用尽，只好暂阙，经印成后，再以该活字沾墨打印，其痕迹明显。总之此经既显示了活字版特点，又坐实了此经的真实性。从这件古籍中我们似乎体察出中国早期活字印刷实物的文化密码和精神风韵，看到中华优秀传统文化传承和发展的脉络。

印刷术是中国四大发明之一，它包括了雕版印刷和活字印刷。中国古代，文教浸盛，科技发达，在隋唐之际就发明、应用了雕版印刷，这一重要发明对中国和世界的文化发展起了重大推动作用。北宋庆历年间（1041—1048）毕昇又发明了省时省料、方便快捷的活字印刷术。活字印刷术是印刷史上第二个伟大的里程碑，它的应用开创了印刷史的新纪元。活字印刷术的使用延续了近千年的时间，对世界文化的发展和交流起了巨大的推动作用，也为促进世界文明的进程作出了历史性的伟大贡献。

毕昇发明了泥活字印刷后，在中原地区并未存留下活字印刷实物。但在中国西北部的西夏王朝继承了中原地区的活字印刷技术，使用泥活字印刷，并开创了木活字印刷。目前已发现十多种西夏文活字印刷品，成为现存世界上最早的活字印刷实物。西夏和元代的西夏文活字印刷品，件件都是珍贵的历史见证，更加确证了中国发明、发展活字印刷的史实。

在印刷术的使用和发展方面，汉族和少数民族衣钵相传，争奇斗艳，推陈出新，尽显聪明才智，共同为中华民族的印刷事业、为世界文化的进步作出了突出贡献。

（2023年11月22在"宋代大理国写本《大般若经》、元刊木活字本《大方广佛华严经》罗雪樵藏卷"研讨会上的报告）

助力揭开神秘西夏面纱的优秀记者

——庄电一先生

近些年，西夏学逐渐由冷门转为热点学科，社会关注度越来越高。在西夏学界，提到庄电一先生无人不晓。庄先生是一名记者，不是专门的西夏学家，何以在西夏学圈子里有如此高的知名度呢？因为庄先生30年来，一直锲而不舍地跟踪西夏研究，热情洋溢地报道西夏学进展，及时写出了大量有关西夏的新闻，成为促进西夏学前行的鼓手，也成了西夏学专家们的知心朋友。

我与庄先生早因西夏结缘，特别是近十多年来几乎每年都有见面的机会。庄先生敦厚朴实，与我性气相投。他关于西夏学的报道文字时限长、篇幅多，内容丰富，近来拟集结成书，名以《揭开神秘西夏的面纱》，以飨读者。庄先生约我为此书写序，遂不避笔拙，将自己的感悟连缀成篇，聊充为序。

庄先生是《光明日报》资深记者，长期在宁夏驻站并担任记者站站长，30多年来他以宁夏社会发展为中心，以百姓关注为己任，发表了大量新闻作品，取得了良好的社会效应，好评如潮，被评为"全国百佳新闻工作者""全国报刊之星"，连续3次被评为宁夏"十佳记者"，是一位非常有成就的新闻人。

在他的诸多成就中，有一个突出的领域是对西夏学的特殊关注和持续报道。作为中国历史上与宋、辽、金同时期的西夏王朝，坐拥西北，建都今宁夏回族自治区银川市（西夏时称兴庆府、中兴府），在当时对中国的政局产生了重要影响。可以说，西夏是西北地区，特别是宁夏的"特产"。又因后世修史时只编修了《宋史》《辽史》和《金史》，独未修西夏史，致使西夏王朝史料稀缺，被后世称为"神秘的西夏"，西夏的故事就更具有了神秘色彩。

庄先生深知西夏在宁夏历史上的独特地位，以优秀新闻工作者的职业嗅觉和对中国优秀传统历史文化的高度责任感，在宁夏历史文化领域紧紧抓住西夏这个"牛鼻子"，联系各方专家，走访有关部门，考察相关文物，不断跟踪西夏学的进展，有价值的报道层见迭出，把看来似乎新闻贫瘠的西夏学开发成新闻富矿，引起有关部门、社会各界的关注。

更为可贵的是，庄先生对西夏学的关注不是浅尝辄止的观察，不是一时一事的了解，而是一种对重要文化遗产发自内心的牵挂，是对一门有价值的学科的持续眷恋。他30多年来，举凡西夏文物的新发现，遗址的发掘和保护，研究的新进展，重要成果的问世，专家们的工作精神，年轻人才的培养，重要学术活动的开展等，都没有错过庄先生的法眼，他几乎做了全方位的报道。庄先生长期自觉与西夏学同行，与西夏学专家们一起负起了保护和弘扬西夏文化遗产的历史责任。庄先生在近20年里曾对一个被风沙侵袭消失、后因环境转化而新生的黎明村做过10次采访，写出数万字有影响的报道，为唤起社会对环境保护的意识起到了积极作用。西夏学和环境保护虽是两个完全不同的领域，但这更能反映出庄先生作为新闻人强烈的时代社会责任感。

庄先生的这部文集分为六篇：考古与发现篇、文物与保护篇、遗迹与寻踪篇、学术与动态篇、研究与成果篇、拓荒与人物篇，盘点这些报道，我发现通讯的数量竟有130篇之多。从这部文集可以看到，庄先生对西夏学的关注是既见物，又见人，对人和事都怀着满腔的激情。

对人，他推崇老专家的勤勉和智慧。比如他对著名考古学家牛达生先生就有多次报道，且在多篇新闻中提到过牛先生。特别是他撰写了近万字的长篇通讯，题目为《牛达生：改写印刷史——记"毕昇奖"获得者、著名西夏学家牛达生》，2012年10月14日在《光明日报》以整版的篇幅刊登，文中悉数牛先生在考古学方面，特别是在西夏文物考古领域作出的重要贡献。最后热情地写道："结束对老牛的采访，我眼前浮现出这样的画面：夕阳西下，彩霞满天，一头老牛还在田里默默耕耘。它不时朝着前方望一望，然后又低头拉紧绳套，一步一步走向前方。我不禁发出一声感叹：老牛不仅姓牛，自己就是一头不须扬鞭、默默耕耘的老牛啊！"看了这段文字，我面前就浮现出一位80高龄的老学者或在西夏陵区考察，或伏案写作的动人情景！庄先生还写出了《汤晓芳病榻上编成大型图书〈西夏艺术〉》，热情报道了"全国百佳出版工作者""韬奋出版奖"获得者汤晓芳编审在伤病中坚持编撰《西夏艺术》的动人事迹，令人热泪盈眶，感动不已。

庄先生不仅关注西夏学的老专家，对中年学者也褒奖有加，他在题为《西夏学："风景这边独好"》的报道中热情洋溢地写道："中年西夏学专家杜建录出任西夏学研究院院长以来，因为业绩突出而成为宁夏目前唯一的'长江学者'。最近又传来喜讯，因为对西夏学的重要贡献，他光荣地当选为党的十九大代表。将这一崇高的政治荣誉授予一个非主流学科的学者，充分体现了党和国家有关部门及社会各界对西夏学的重视，对西夏学研究成果的认可。"他还对年轻人的培养和成长给予特别希望。他在报道宁夏大学西夏学研究团队的成就时，其中一个标题为《培养人才：积蓄永不衰竭的力量》。他对中国社会科学院西夏文化研究中心和宁夏大学共同举办的西夏文研修班给予重点报道，写了题为《西夏学'黄埔一期'圆满结业　70余位各地学者借西夏文研修班学会了难学的西夏文》的新闻报道。这些报道褒扬了西夏学界对培养后继人才的有力举措，显示出西夏学中青年才俊的成长，更反映出庄先生对学科建设中人才接续重要性的深刻理解。他对西夏学界老中青专家们合力创新研究的倾情介绍，如实反映出近些年来西夏研究取得重要进展的根本原因，这样的报道充满了正能量，起到了催人奋进、砥砺前行的良好效果。

对事，他尽情对西夏文物的保护、西夏文物文献新发现、西夏研究的新成果呐喊助威，给予高度赞扬，热情讴歌。早在1988年他就写出《银川发现西夏高台寺遗址》的及时报道，此文很快被《新华文摘》1988年第11期全文转载。此后他对西夏学进展的报道持续不断。进入21世纪初，对西夏陵中规模最大的三号陵进行大规模清理发掘时，他以《西夏陵"飞出"的"妙音鸟"》为题，以西夏陵三号陵新发现的典型性文物"妙音鸟"为代表，报道了三号陵考古发掘的新收获。30年来，他热情不减，2017年在内蒙古阿拉善盟召开了有150多位国内外专家与会的第五届西夏学国际学术论坛暨黑水城历史文化研讨会，庄先生也受邀与会，他看到西夏学老中青三代专家济济一堂，看到提交大会的150余篇论文，看到大会上展示的近期出版的大量成果，禁不住感慨万千，为西夏研究长足进步感到由衷的喜悦，写出了《西夏学："风景这边独好"》的文章，为西夏学欣欣向荣威喝彩！教育部哲学社会科学重大委托项目"西夏多元文化及其历史地位研究"正式立项，庄先生立即以《教育部重大委托项目〈西夏多元文化及其历史地位研究〉启动》为题报道，并重点强调72岁的项目主持人陈育宁先生提出的创新要求："这项研究是在中华文化的大背景下审视西夏文化。它不是复述以往研究成果，不是普及西夏学知识，也不做面面俱到的概述，而是尽量挖掘新材料，充实新内容，选择新视角，形成有创新意义的学术成果，进而将西夏学研究引向深入。"这就引起了读者对此项目成果的翘首期待。

庄先生有一颗爱憎分明的赤子之心。在为西夏学人丁兴旺、硕果累累叫好的同时，对有些西夏文物的损毁忧心忡忡，为西夏文物遭到不法分子破坏而痛心疾首。1990年，宁夏贺兰山中一座西夏时期建造的、具有很高价值的古塔被不法分子炸成废墟。他得知消息后，随宁夏文物、公安部门的同志同赴现场，察看了古塔被炸现场，十分气愤，写出了《性质极其严重　手段极为恶劣　宁夏一西夏古塔被不法分子炸毁》的新闻，刊登在1990年12月14日《光明日报》的头版。第二天《光明日报》头版又刊登了他的另一篇报道《西夏古塔案应予高度重视　避免类似事件再次发生》，报道还结合宁夏文物破坏的其他事例，举一反三，意在提高全社会文物保护的认识，他就此发出强烈呼吁："必须高度重视这一古塔被毁事件，加强保护管理，理顺关系，避免类似事件再次发生；尽快组织专门班子，迅速侦破这个案件，同时要对以往类似案件逐一调查核实，严肃处理。"这些话铿锵有力，义正词严，显示出他珍视中国历史文化遗产的真情大义，对破坏文物的犯罪分子深恶痛绝。还有一些人不爱惜文物，在西夏陵参观游览时做出种种不文明举动，使文物遭到损坏。庄先生了解到以后又挺身而出，仗义执言，在1994年6月8日《光明日报》上做出报道。他在报道中历数种种损害文物的行为后大声疾呼："如此践踏文明、摧残文物，令人发指！如果死去的西夏帝王泉下有知也会翻身坐起，找他们拼命的！"其对文化遗产热爱的社会情愫，对文物遭受损失的痛心疾首跃然纸上。

庄先生十分勤奋。近30年来他写了5000多篇报道，几乎对每一篇报道，他都要调查研究，查找相关资料。根据我对庄先生的了解和看他有关西夏的报道，知道他几乎跑遍了西夏的绝大部分遗址，考察过大量西夏文物。他去过的西夏遗址有的交通十分不便，山路崎岖，很多西夏专业人员都未必去过。庄先生奔赴现场，实地考察，再下笔成稿，这是很大的工作量！没有对社会文化的强烈责任感，没有对事业执着追求的精神，难以做到如此刻苦奋勉。一个国家，一个民族要想进步、繁荣、富强，就要撸起袖子加油干；一个人要做好工作，也要不辞辛苦地实干苦干。我没有了解过庄先生的具体工作时间，但我知道他除了新闻工作之外，没有什么其他嗜好，恐怕他每天的工作时间绝不止8个小时。我曾讲过，一个人每天科学工作10小时，另一个人每天工作5小时，前者比后者多活了一辈子。庄先生付出了常人难以付出的心血，才能收获这样丰硕异常的成果。

庄先生十分聪慧。他在长期工作中培养出新闻工作者的职业敏感，能敏锐地发现新闻点，掌握其中的要点，突出新闻的亮点。庄先生善动脑筋，尤其注意推敲文章的题目。一篇文章的题目很重要，因为它是读者首先要看到的，甚至决定着是否要看这篇文章。因此题目既要表达文章的主旨，还要能够吸引读者的眼球，引起特别关注，随之饶有兴趣地看下去。十几年前，我和庄先生在一起聊起写作，就赞扬他的新闻报道题目准确、新颖，并与他就文章题目的设置进行过探讨。因为学术论文和新闻稿一样要求恰当而鲜明的题目。在该文集中有的题目很平实、朴素，但又显得醒目、明确，比如《宁夏西夏古塔废墟藏巨珍》《65种西夏文古籍入选〈国家珍贵古籍名录〉》；更有一些赏心悦目的亮丽题目，有的还加上了副标题。这样的题目可以随手拈来，如《西夏陵三号陵露出"冰山一角"》《西夏陵"飞出"的"妙音鸟"》《撩开神秘王国的神秘面纱——西夏博物馆参观记》《落霞与孤鹜齐飞——记既出成果又出人才的宁夏大学西夏学研究团队》《黑水城：黄沙掩盖不住的文明》等，令人耐看，引人入胜。庄先生不仅在题目上动脑筋，在文章上更是切磋琢磨，多费考量。一般新闻稿要求简短明快，庄先生用心捕捉，注意取舍，需要读者详细了解的内容敢于浓墨重彩地铺陈，需要省略的部分绝不多费笔墨。

庄先生十分本分。他是一名记者，牢记新闻纪录、新闻报道的职责，踏踏实实地做好采访、评论工作，尽职尽责，精益求精。可以说在长期工作中，他对西夏学相当熟悉，已经成为"西夏人"中的一员，但他恪守职业范围，尊重科学，尊重业内专家，从不妄发议论，更不越俎代庖。10年前我曾经写过一段文字："新闻工作者和历史学家有不可否认的共同点，新闻的第一要素是真实，史学工作者的任务是再现真实的历史。然而它们有各自不同的工作风格。历史研究要求资料翔实，考证精审，结论可信，可以十年磨剑。新闻则讲究时效，要有新闻点，要令人耳目一新。史学给人以冷峻、超脱的感觉，新闻则让人体味着感情、色彩。"同时希望新闻工作者要"慎重取舍，慎重结论，避免捕风捉影，道听途说"。庄先生做新闻是抓住题目，实地采访，刨根问底，穷追不舍，弄清事实，如实报道，但从不操刀专业研究。庄先生本分平实，不标新立异，不哗众取宠，有着优良的职业操守。

西夏学属于有重要文化价值和传承意义的"绝学"、冷门学科。庄先生和西夏专业研究者一样，具有浓浓的西夏情结，他们都致力于使沉寂于历史中的西夏"活起来"，为优秀传统文化遗产的发展作出贡献。在这方面新闻工作者有着不可或缺的重要作用，由于他们的推介和引导，才使西夏学走出学术圈子，迈向更宽阔的社会领域，走进寻常百姓家。在西夏学的发展、普及事业中，新闻工作者功不可没，而庄先生是其中的佼佼者。

当前，西夏学的发展方兴未艾，屡掀波澜，不断有振奋人心的好消息传出。庄先生虽已退休，但年逾花甲的他仍然一如既往地笔耕不辍，继续关注西夏，近期仍然不断看到他有关西夏学的报道，为西夏学再添色彩。这种浓烈的历史文化情怀和对传统文化始终不渝的坚守，值得我们学习。我希望在今后有关西夏的学术活动中仍能经常看到和蔼的、健壮的庄电一先生。

（《揭开神秘西夏的面纱》序，载庄电一著：《揭开神秘西夏的面纱》，甘肃文化出版社，2020年）

万里同行　调研西夏

——怀念白滨先生

白滨教授于2022年6月2日因病逝世。3日凌晨，其夫人来电话告诉我这个不幸的消息，我当即表示沉痛哀悼，并请家属节哀，询问了后事安排。放下电话后我即向西夏研究微信群和中国社会科学院民族所离退休老干部群发了白滨先生去世的消息，学界同仁一片怀念哀悼之情，令人唏嘘感动。

白滨先生一生从事包括西夏研究在内的民族研究，勤勉认真，不懈调研，踏实写作，孜孜矻矻，成就斐然，作出了卓越贡献。

我与白滨先生相识、相知60年，多次联袂长途出差调查，足迹遍及西夏故地，远及俄罗斯，同时共同研究、合作出版著作5种，发表文章近20篇。我们合作时间之久、调研范围之广、行程之长、联合发表成果之多，在学术界可能不多见。回想起我们密切合作的情谊，心潮澎湃，难以忘怀！

1962年，我考取了中国科学院民族研究所王静如先生的西夏文研究生。当时王先生恢复西夏研究不久，随后所里将王先生挑选的本所历史室的白滨和语言室的应琳配备给他做助手，显示出所里对西夏研究的重视。当时王先生身体不好，基本不上班，白滨在王先生办公室工作，负责抄录苏联西夏学家聂历山教授出版的《西夏语文学》中的资料。我与白滨同门同业，自然来往较多。当时我每星期到王先生家听课一次，此外就是抄录学习《番汉合时掌中珠》，有时和白滨一起帮助王先生干些借书、起草来往信件等杂事。王先生血压较高，听说吃山药可治高血压。我和白滨便在王先生楼下的空地上深挖土地，种上山药。

白滨毕业于中央民族学院（今中央民族大学）历史系。他们班一是调干多，很多学生从工作岗位调来学习，年岁较大，而白滨是从中学考入的，基础比较扎实。二是到民族地区调研多，当时正值全国第一次少数民族大调查时期，中央民族学院的师生很多参加了民族调查，白滨先后参加了福建畲族和西藏藏族的两次调查。三是名家授课多，当时历史系本身就有一批著名史学家，又从北京大学等学校聘请一些知名教授来授课，更显名师荟萃。白滨在中央民族学院学习和调研的积累，为他的研究工作打下了良好基础。

我和白滨白天同在2号楼办公，晚上都住在6号楼集体宿舍，关系密切。然而最密切的时候还是朝夕相处的出差调查。

一、敦煌之行　描绘西夏

王静如先生与时任敦煌文物研究所所长的常书鸿先生在法国留学时即认识。1964年，常先生与王先生交换意见，莫高窟和榆林窟有不少西夏文题记，大家都不认识，两窟群中有多少西夏洞窟也不清楚。两位先生协商由敦煌文物研究所和民族研究所共同组成敦煌西夏资料工作组，对敦煌莫高窟、安西榆林窟等处的西夏洞窟时代、分期、壁画艺术、文字题记等作专题考察。此计划得到民族研究所领导批准，成立了由两位先生领导、组织的调查工作组。白滨和我都随王先生参加调查，临行前民族所副所长、党委书记王利宾同志找我和白滨谈话，做了具体指示。我和白滨于当年8月27日先乘火车到兰州打前站，安排有关具体事宜，为王先生的到来做好准备。经过两天两夜的行程，我们到达兰州火车站后，便去宾馆住宿。后来才知道，原来常先生亲自到车站接我们两个小人物，因互不认识而错过，这使我们二人感动异常。王先生乘飞机到兰州后与常先生和管辖敦煌文物研究所的甘肃省文化局领导谈判合作调研事宜，白滨和我联系有关部门，参加会谈，做好记录，会后在王先生授意下修改协议草稿。白滨还负责出差经费、行程等事宜，工作认真细致。其间，常先生邀请王先生到他家中做客，白滨和我有幸随王先生参加。

当时从兰州到敦煌莫高窟要先乘坐火车到达柳园站。王先生、白滨、我和甘肃省博物馆的陈炳应一行乘火车从兰州北站出发，次日到达柳园站。从柳园到莫高窟还有约300里，常书鸿先生事先安排好，他送考察完莫高窟的智利专家到柳园，返程时恰好接我们到敦煌莫高窟。两位老专家都已60多岁，和我们一起在土路上颠簸。特别是常先生往返劳累，不辞辛苦，令人钦佩。

1964年与白滨（左一）、常书鸿（左二）、徐灵（左三）、
王静如（左四）在敦煌西千佛洞考察

那时敦煌莫高窟虽经常先生等专家的经营维护，有很大改善，但限于当时的条件，此地仍显一片荒凉，基本上没有游客。当时文物研究所有二三十位工作人员，生活、工作条件很艰苦，洞窟外的护栏尚未完全修好，每天爬上爬下很不方便，有的地方很危险。在我们工作期间，东北鲁迅美术学院考察敦煌泥塑的李仁章老师，从临时搭建的脚手架上摔下来。当时正好我也从洞窟下来，见他摔下，便赶紧喊人抢救。他被送往敦煌县医院，抢救无效死亡，令人悲痛惋惜。后在莫高窟为他开了追悼会，其学院副院长徐灵先生赶来参加。

在莫高窟，喝水是一大困难。莫高窟下流淌着的党河水碱性很大，一杯开水倒在地上，晒干后现出一层白碱。这种水口感苦涩，喝了会泻肚，要经过较长一段时间适应后才会停止腹泻。当时为照顾王先生，给他饮用的是从敦煌城里拉来的"净水"，而白滨和我则只能喝河里的碱水。因此我们在敦煌工作期间，经常处于拉肚子的痛苦境地。

我们工作组还请当时已有名气的石窟寺研究专家、北京大学宿白先生作顾问，敦煌所党支部书记、常所长夫人李承仙任秘书长，文物研究所有万庚育、刘玉权、李侦伯（摄影师）等参加。当时工作组分为两组，一是在王先生领导下，由我和陈炳应抄录各洞窟的西夏文题记并进行翻译。一是在李承仙组织下，文物研究所的万庚育、刘玉权和白滨，考察相关洞窟的壁画流变和风格。宿白先生来到莫高窟后，具体指导西夏洞窟艺术考察，结合题记做出时代排年。白滨过去没有接触过洞窟艺术，但他跟随宿白先生等专家认真考察洞窟，聆听他们的分析和讲解，认真记录考察各洞窟的情况。他既有文字记录，又有图像的描摹，先后对莫高窟、榆林窟以及西千佛洞记录了数百张卡片。我见他写画的卡片中有洞窟壁画布局，有各种装饰图案，有不同类型的花边，如卷草纹、忍冬纹、几何纹等，摹图越来越有模有样，颇有几分专业色彩。白滨心灵手巧，对新知识有学习兴趣，他所记资料对洞窟排年很有参考价值。

榆林窟是莫高窟的姊妹窟，其中也有西夏洞窟。我们在考察后期按计划到榆林窟工作。9月30日，我们一行13人乘坐文物研究所的大卡车去榆林窟，王先生坐在驾驶室中，其他人都挤坐在卡车车厢里。当天早晨启程，车子行驶在没有人迹的戈壁滩上，眼望天际，辽阔空疏。车后扬起长长的车尘，若一停车，扬尘倒灌，弄得车上人都灰头土脸。途中还看到海市蜃楼，远看天边有楼宇城市，树木森林，忽隐忽现，漂移不定，非常神奇。莫高窟到榆林窟途经安西县（今甘肃省瓜州县），在那里购买了些米面、蔬菜和一只宰好的羊。从安西县到榆林窟基本是无路可走，汽车按方向在荒原和山间行进，颠簸异常，行进很慢。到达榆林窟时天已是晚上9时许，300里的路程走了整整一天。这里无房，我们集体住在看守榆林窟的道士居住的山洞中。白滨和我忙着从车上向洞窟搬运物品、器材等，并搀扶照顾王先生，给他和宿白先生架好行军床。第二天早晨始见到榆林窟全景，榆林河流贯山谷，两侧山崖上各有不少洞窟。白滨和我搀扶王先生考察比较容易行走的洞窟。在榆林窟的几天时间，白滨和我还是按照原来承担的任务分头工作，我俩攀爬能力较强，几乎考察了这里的所有洞窟，与西夏相关的洞窟是重点。这里有成系列的西夏供养人，其旁边有西夏文汉文对照题款，还有大面积西夏文题款，都引起我们极大的兴趣。在这里我们收获满满。

在敦煌工作期间，我们近3个月几乎与外界隔离，过着单调的面壁生活，头发都留得很长。游览敦煌附近的月牙泉算是我们的一次业余活动。一个星期天早晨，白滨、刘玉权、陈炳应和我，搭乘研究所去敦煌城里拉东西的卡车，来到距莫高窟40里的敦煌县城，下车后步行约10里路。这里几乎无路，我们过农田，踏沙碛，后登上一高高的沙岗，向

1964年在莫高窟与白滨（左）一起考察洞窟

下瞭望，惊喜异常，看到了形似一弯新月的月牙泉。月牙泉处于鸣沙山环抱之中，历久而不被掩埋，成为奇观。我们几个人从高高的沙梁上坐着溜下，像小孩子一样开心。我们在沙山下的月牙泉周围欣赏了美丽的风光，参观了寺庙建筑，乘兴而归。

　　敦煌有壁画的洞窟近500个，其中保存着1000多年间各个历史时期的绘画、雕塑艺术珍品，是享誉世界的艺术宝库。我们在那里工作期间，手里拿着大串开洞窟门的钥匙，徜徉在艺术的殿堂中，每天都在领略千年艺术的风采，感到心灵的享受和求知的满足。

　　11月我们结束了调查，宿白先生在回京前，根据对大量相关洞窟的认真考察，结合西夏文题记翻译初稿，系统分析总结莫高窟、榆林窟西夏洞窟的大致范围、分期设想和各期的特点，常先生和王先生也做了重要讲话和工作总结。工作组初步得出结论：两窟群共有80多个西夏洞窟。这便大大改变了过去对敦煌洞窟布局的认识。这些新的认识为敦煌学研究作出了重大贡献，也使西夏学增加了重要内容，开创了西夏艺术研究，拓宽了西夏佛教研究，加深了对西夏社会的认识。

我们回京后，白滨和我按计划分头做艺术资料和题记的整理翻译工作。但1965年夏，白滨和我都被派往内蒙古参加"四清"，一年后返京，接着是长达十年的"文化大革命"。西夏洞窟考察项目被迫中断。

"文化大革命"结束后，两单位参与西夏洞窟调查的业务人员分别发表相关论文，如王静如先生的《敦煌莫高窟和安西榆林窟中的西夏壁画》，万庚育的《莫高窟、榆林窟的西夏艺术》，刘玉权的《西夏时期的瓜、沙二州》，白滨与我合作的《莫高窟榆林窟西夏资料概述》《莫高窟、榆林窟西夏文题记研究》等。尽管莫高窟、榆林窟西夏洞窟的调查研究没有形成一个完整的成果，但上述论文也已给西夏洞窟研究打下了一个基础。

二、西北之旅　周游西夏

"文化大革命"结束前夕的1975年，"学部"在"大联合"的形势下恢复业务工作，西夏研究也被列入研究计划。

1975年，我们听我所一位调到保定工作的同事说，保定市莲池公园发现有西夏文石碑。我和白滨向所里申请到保定调查。我们在保定市莲池公园看到确有两件套六面石幢，每件有幢座、幢身和幢盖三部分，幢身刻有西夏文和汉文，分散凌乱地躺卧在地上，我二人合作拓制拓片。1964年，我们自敦煌返京路过西安时，参观陕西省博物馆，认真观摩了拓碑师傅的工作流程，还询问了有关细节，此次有了用武之地。我们事先准备了宣纸、墨汁、刷子、拓包、中药白芨等。用拓包捶拓时多是白滨操作，他细致耐心，一丝不苟，拓片质量良好。

拓完拓片，我们又到出土石幢的保定市郊区韩庄调查，查看出土石幢的遗址台地（原寺庙遗址），又到村内与老乡座谈，了解原来此处的家族、寺庙以及石幢出土的情况等。我们还到保定市图书馆查阅了《保定府志》《清苑县志》等。这次调查既收集了有关西夏后裔的重要资料，又是我们外出调查的一次练兵。

1976年是中国的多事之秋。1月周总理去世，不久开始了"反击右倾翻案风"。我和白滨早有考察西夏故地的设想，此时乘机外出调查，打算走遍西夏主要地区。在得到所里批准后，我们开始了西夏故地之旅。白滨和我都是出身农村，能吃苦耐劳，体力也好，又有搭档出差的经历，配合默契，其间也遇到了很多困难。

我们从北京出发，火车、汽车加徒步，虽经路途奔波之累，但一路收获颇丰。首先我们路经山西太原，发现了西夏钱币。进入陕西，在西安经过一番周折，在陕西省博物馆找到了西夏传递皇帝命令的御用"敕燃马牌",类似鎏金文字符牌,除此外仅历史博物馆存藏一副。在西安市文物管理处发现了西夏皇帝御制的西夏文泥金写经等珍贵文物。说起来,还有一段小插曲。我们持介绍信来到文管处,就吃了闭门羹。接待者说单位人都下去帮老乡收麦子了,无人接待。我和白滨便对接待者说:"我们去帮你们收一天麦子,过后你们腾出一人接待我们一天。"可能我们的执着和志诚感动了接待者。第二天我们便如愿以偿地被接待了。在他们的一个临时库房中有一个箱子,无序地放着一些纸页。我们一一打开查看,竟多是西夏文文献,其中包括上述泥金写经,十分罕见。后来白滨和我与文管处合作撰写了有关研介论文。

我们从铜川入陕北,自延安再向北进入西夏故地,一个县一个县地考察。县城之间多有长途公交车,而在县城之下的农村则往往没有公共交通,只能步行。在米脂县,我们访问了西夏第一代皇帝元昊的祖父李继迁的出生地——李继迁寨,考察了据说是李继迁用过的窑洞,访问了老乡。这里也是明末农民起义领袖李自成的家乡。在靖边县,我们踏查了北上的党项族第一个政治中心——夏州遗址统万城,俗称"白城子"。史载其城墙系5世纪初建立大夏国的匈奴族首领赫连勃勃以糯米汁夯土筑成,劲弩不入。现在的城墙等建筑遗存仍呈白色,坚如水泥筑成。原来学术界都以为此城址在横山县,我们实地考察后得知确切地址在两县交界的靖边县一侧。在横山县,我们观摩了小小的博物馆,里面竟有不少西夏文物。

我们从定边县过盐池,进入宁夏。那里的西夏遗迹更

1976年与白滨（左）考察统万城遗址

多：银川市是西夏首府兴庆府，市内存有西夏早期修建后经重修的承天寺塔；西郊有规模宏大的西夏陵园，星罗棋布地矗立着很多陵墓遗存；贺兰山下有拜寺口双塔，形影相吊；黄河青铜峡岸边有一百零八塔，呈三角形塔阵；北部有出土很多文物的省嵬城遗址，轮廓清晰。

我们再从宁夏进入甘肃河西走廊，这里也是西夏重要的一翼。在兰州，我们参观了富藏西夏文物的甘肃省博物馆，在那里见到了老朋友陈炳应，并得到博物馆允许，拍摄了原天梯山石窟和武威小西沟岘出土的西夏文献文物。白滨和我一起拍摄西夏文物，当时使用的是装胶卷的老相机，每拍一件文献都要调整光圈、速度和距离，工作繁琐而紧张，我俩娴熟配合，紧张有序。

　　此后我们到武威参观了武威地区博物馆和县博物馆，考察了著名的《重修凉州护国寺感通塔碑》，并进山考察前不久出土了很多西夏文物文献的小西沟岘山洞。小西沟岘当时属张义公社。从武威到张义通长途车，白滨和我早晨乘车从武威出发，近3个小时到达张义，下车后步行到生产队，出示介绍信并说明来意，请他们派人帮我们引路。一位老乡带我们进山，走了一段山路后，老乡指着一处离山脚七八丈高的山崖上一个狭窄的山洞告诉我们，那便是出土西夏文物的山洞。我们费力用四肢攀登山崖，进洞后看到里面空空如

1976年与白滨一起考察甘肃武威小西沟岘山洞（图中间偏上）

也。原来附近老乡们在山洞中挖找中药五灵脂（蝙蝠粪），发现了很多写有不认识字（西夏文）的纸张，认为是天书，烧掉能免灾，于是老乡们将得到的纸张大多烧掉了。当文物考古部门知道此事后，便对此山洞做了清理发掘，又发现了一批文物，同时也从老乡手中收回了部分文物。遥想当年西夏时期，有僧人在这偏僻的山洞中读经修行，不禁对西夏的佛教和社会有了一层新的理解。

考察完成后，白滨和我又步行赶回张义，到长途车停车的站牌下才知今天最后一班回武威的长途车早已过去，要回武威需等明天。当时农村没有旅店，无法住宿，我和白滨行程安排很紧，想当天返回武威。我们见路边有候车人打招呼拦路过的汽车，我们也照样见汽车经过便伸手示意，想拦车搭乘。功夫不负有心人，有一辆拉煤的军用卡车在我们的示意下停了下来，我们向在驾驶室的两位解放军拿出介绍信，说明身份，希望搭车回武威。两位解放军答应了我们。我们二人高兴地爬上后面装满煤末的车厢，煤上面有一备用的汽车轮胎，正好可坐在上面。一路上卡车行驶很快，让我们领略了传说中解放军开车快的风采。车上的煤灰不断刮到我们脸上、手上，后来你看看我，我看看你，都成了大黑脸，相视而笑。车快加上路况不好，颠簸得十分厉害，我和白滨两人不时被颠起来，只好用手拉住上面用来支撑车棚用的铁条，以保持平衡。有一次被颠起来，白滨落下时没有坐到橡胶轮胎上，而是落在了车胎中间的铁轮上，尾椎骨被撞击受伤，疼痛不已。我们怕两人的尊容进城吓着旁人，便商议提前在城边下车，借用一个建筑工地的水管冲洗了脸和手，方步行回旅馆。到旅馆首先想洗澡，二人脱衣服一看，两人的整个胳膊、大腿全糊满了黑黑的煤面。白滨受伤，行走不便，但他仍咬牙坚持，不改变行程，其忘我的工作精神实堪嘉叹。

在张掖，我们瞻仰了西夏始建的西北地区最大的卧佛，并反复探寻找到了藏于张掖图书馆的汉文和藏文合璧的《黑水建桥碑》。原传说此碑一面汉文，一面西夏文。我们见到实物得知原来传闻有误。我们在狭窄的图书馆书库中测量记录此碑，并拓制了拓片。后来著名藏学家王尧先生借走我们的拓片撰写了考证文章。再后来出版的《西夏文物》和《中国藏西夏文献》中所用图版皆为我们的拓本。

此后又到酒泉考察。一天下午我们参观群众文艺室的文物展览后，在篮球场旁边看到有两块供人们看球赛时垫脚用的大石条。职业的习惯引起我们的关注，我们拂去石条表面的泥土，看到上面有文字，再仔细清理查看，发现竟是一面汉文、一面为回鹘文的碑刻，发现其中有"唐兀氏"三字。元代称西夏党项族后裔为唐兀氏，我们便认定这是一方有重要学术价值的碑刻。第二天我们用一天的时间拓制了拓片。原来此碑立于元末，名为《大元肃州路也可达鲁花赤世袭之碑》，记述了元代肃州（今甘肃酒泉市）地区由西夏后裔世袭军政长官之事。此碑明代被一分为二，成了酒泉东城门两侧的柱石，后来城门拆毁，这两方做石柱的石条被放到这里的操场，无人问津。我们当时建议有关部门尽快将此碑刻妥善保存，该碑现存酒泉市肃州区博物馆。

此后我们考察了向往已久的西夏黑水城遗址，这里曾出

1976年在酒泉与白滨（左三）拓制《大元肃州路也可达鲁花赤世袭之碑》

土过震惊学坛的大批西夏文献、文物。当时黑水城所在的额济纳旗属甘肃省，因系边疆地区，需在酒泉办理护照。我们乘长途汽车从酒泉到额济纳旗首府达来呼布镇，穿过茫茫戈壁，整整行驶了一天。长途车每星期一次，因此我们至少要在这里待一周。从达来呼布到黑水城尽管直线距离不长，但两地之间并没有真正的路，汽车要绕行于红柳沙包之间行进，不熟悉地形的驾驶员很容易迷失方向。据说如果迷路很难走出荒漠。虽然我们有多次去过黑水城的人做向导，又有经验丰富的驾驶员，但当地人还是建议我们多带几天的干粮和饮水，万一迷路时可以多坚持几天。经过几个小时行驶，当向导告诉我们就要到黑水城的时候，首先映入我们眼帘的是黑水城西北角的宝瓶式白塔。我们忘记了疲劳，不顾日晒和风沙，抓紧时间工作，忙不迭地在城内外考察、拍照。当我们离开这个令人陶醉的古城时，更加挂记着从这里出土藏于圣彼得堡的大宗文献和文物。

此次考察，我们还向西北进入哈密，从西南走到西宁，踏查了西夏的极边。一路上我们还与相关部门和专家做学术交流，如在银川走访事先联系好的宁夏博物馆，与当时该馆负责人白玉及李范文同志商讨双方合作编写《西夏文字典》之事。在银川拜访了罗雪樵先生，拍摄了他收藏的西夏文文献。在兰州我们又一起拜访了常书鸿先生，常先生还将其珍藏的一枚西夏文首领印取出供我们拍照。我们祝福74岁的常先生健康长寿后，依依不舍地离开了常府。

我们除了在西夏遗址、博物馆、文管所、图书馆考察文物和查阅资料外，还经常出入各地的废品收购站翻找废品，搜集、拣拾有关文物。在"文化大革命"中"破四旧"的氛围下，那时常能在废品中见到文物精品。我们在宁夏的一个废品收购站中发现了一件精美的唐代铜镜，后交给了博物馆，被视为精品。我们偶尔也能从废铜烂铁堆里拣出几枚西夏钱币。有时半天扒几麻袋碎铜器，手指都磨出血来。

这次考察历时近4个月，搜集到很多有关西夏的资料，踏查了西夏的山川地理，增加了对西夏的感性认识，眼界大开。我们为得到这样多有形无形的资料而异常兴奋，为近距离触摸西夏而感到充实。这也可能是西夏研究者第一次对西夏故地比较全面的考察。

20年以后，我和白滨又进行了一次西夏之旅。1996年8

月在银川召开中国民族史学会的学术研讨会，会后我和白滨又开始对宁夏、甘肃的一些西夏故地进行考察，一是对上次考察未到过的西夏重要遗址做补充考察，二是对近年新发现的西夏遗址或出土文物进行调查。当年白滨已经60岁，我比他小3岁，我们仍能精神抖擞地一起出差，进行连续考察。这次考察条件要好得多，时有车接车送，路况也大有好转。

我们首先到银川附近的贺兰县参观宏佛塔，然后到同心县考察西夏的康济寺塔，后又到固原、海原，考察须弥山、平夏城、西安州、天都山等。从海原去兰州，在那里参观了甘肃省博物馆，会见了陈炳应、杨建新、李蔚等老朋友。然后想再走河西走廊，去考察一些原来没有到过的地方，最后再访敦煌，去看北区石窟新出土的西夏文物。这时突然接到敦煌研究院彭金章教授的电话，因接待时间变化，希望我们

1996年在敦煌与白滨（左一）、樊锦诗（左二）、彭金章（左三）先生合影

立即前往敦煌，我和白滨只好改变行程。我们乘坐从兰州到敦煌的飞机，晚上下飞机后见到彭金章先生来接，他说樊锦诗也坐这班飞机。不一会樊锦诗也下了飞机。原来我们和老熟人樊锦诗同乘一班飞机到敦煌。

第二天彭金章教授给我们送来莫高窟北区出土的西夏文文献的原件。我查看后大致说明了内容和价值，这是西夏文献文物的又一重要收获。我和白滨在敦煌研究院考古所年轻专家沙武田的陪同下，又参观了一些需再次审视的洞窟。在我们回来的路上接到通知，说沙尘暴就要来了，已经到了敦煌城。我们望着晴朗的天空，未见异常。过一会向敦煌城方向望去，那里已一片乌黑，不久沙尘乘着狂风像一堵黑色的高墙一样迅速压过来，我们大吃一惊，快速跑步，沙尘暴早已铺天盖地袭来，我们也带着沙尘跑回了驻地。这大概是我们唯一一次经历这样狂烈的沙尘暴。

我们又参观了久违的榆林窟，这次仅用了两三个小时就到了榆林窟。看到那里有多位工作人员，有住房，条件不错。20年来，中国的文物考古事业进展很大，莫高窟和榆林窟都得到了很好的保护，我和白滨都感到很欣慰。

其间，我和白滨还专门到莫高窟对面的山下，瞻仰敦煌守护神常书鸿先生的墓地。黑色大理石上雕刻着"常书鸿同志之墓"七个大字，墓碑上右侧刻写两行字"中国共产党党员著名艺术家敦煌研究院名誉院长敦煌学专家"。回想起我们与常先生在兰州、敦煌多次见面，聆听先生教诲，感触良多。我们在墓前肃然起敬，敬礼默哀，深切缅怀。

此后，我们二人又一路往回走，先到张掖、山丹，参观山丹博物馆（艾黎图书陈列馆），见到八思巴字印和西夏文牌。再到永昌，考察与西夏有密切关系的圣容寺和包括西夏文在内的六体文字石刻。在武威我们考察了出土了很多重要西夏文物的缠山乡亥母洞和《凉州重修护国寺感通塔碑》原址大云寺。返回兰州后，我们又去夏河，考察拉卜楞寺。我们回到兰州又到敦煌研究院老专家的住地看望了久违的史苇湘先生、李贞伯、万庚育夫妇和郑汝中先生等。

这次补充考察，使我们二人又度过了一个月朝夕相处的日子，搜集了很多新资料，增长了很多学问，还一起会见了很多老朋友，非常开心。

三、远赴俄罗斯　回收遗珍

近代以来，西夏故地不断出土西夏遗物，其中数量最多、影响最大的还属1908年、1909年俄国探险队在黑水城遗址发掘出的大批西夏文献文物。俄国探险队将这些文物文献席卷而走，藏于圣彼得堡。文献藏于俄罗斯科学院东方研究所圣彼得堡分所，其他文物则藏于艾尔米塔什博物馆。文献中仅西夏文文献就有8000多编号，此外还有很多汉文、藏文及其他民族文字文献，内容非常丰富，价值极为珍贵。

1987年，我和李范文先生同去苏联作短期访问，这是中国西夏研究者第一次寻访流失海外的黑水城文献。我们在苏联科学院东方学研究所列宁格勒分所查阅西夏文献，时间短暂，所能见到的文献九牛一毛。将这些重要文献公之于世，让全世界的专家们足不出户就能直接查阅、研究、利用这些文献是我们的最大心愿。

中国社会科学院院长胡绳、副院长汝信等对藏于苏联的敦煌和黑水城文献十分重视，他们希望这些文献能在中国出版。1991年3月，中国社会科学院科研局召集民族所、历史所、语言所、文学所相关人员开会，研究将苏联所藏敦煌、黑水城文献出版问题。我们商量后，由白滨参会。会上拟组团前往苏联协商，后此事因苏联政局变化而未果。此前我们已知俄藏敦煌文献由上海古籍出版社与俄方合作出版。

1992年，中国社会科学院外事局转达院领导意见，委托我与俄罗斯科学院东方研究所圣彼得堡分所联系，争取与他们合作，共同出版俄藏黑水城出土文献。我给熟识的俄方西夏学专家、俄罗斯科学院东方研究所圣彼得堡分所副所长克恰诺夫教授写了长信，得到该所所长彼得罗斯扬和克恰诺夫教授二人的联名正式答复，同意与我所合作，共同整理、出版藏于该所的黑水城出土的全部文献。

几经联系后，1993年春，我们邀请克恰诺夫作为俄方代表来华洽谈合作事宜。中方参与谈判的有外事局的两位负责人，我和白滨代表民族所，上海古籍出版社的副主编李国章、副社长李伟国代表出版社参加谈判。谈判顺利达成协议，后两国三方负责人先后签字。

根据协议，1993年中方组团赴俄进行整理、注录和拍摄工作，民族所由我和白滨、聂鸿音参加，出版社由编辑蒋维崧、摄影师严克勤参加，此外中国社会科学院外事局的杨建国同志参加前期接洽工作。我们根据业务专长做了分工，白滨和蒋维崧负责汉文文献的整理登录，我和聂鸿音负责西夏文文献的登录，严克勤负责拍照。我们对文献认真阅览、审读，并详细登录。登录卡片上列有包括题目、内容、装帧、版本、形制、字体、特点在内的40余个项目。我们为了早日完成任务，每日早出晚归，延长两小时工作时间。白滨在俄罗斯工作期间，认真查阅文献，仔细核对文献名称，细心量尺寸，清点页数、行数和字数，悉心登录卡片，一丝不苟。至今看到登录的大量卡片中，以白滨所记最为清晰。

我们到圣彼得堡后，生活遇到很大困难。住在当地科学院宾馆，不仅住宿费昂贵，还没有伙食。开始我们四五个人吃饭东一顿西一顿凑合。有时想买点菜自己用"热得快"（电器）煮点汤，竟先后烧坏了几个"热得快"。后来在俄罗斯专家的帮助下，我们和出版社的同事分别租住了两家民房，自己做饭，虽然麻烦些，但可以吃到习惯的饭菜，觉得生活大为改善。我们每天下班后，在沿街的商店中选购肉类、鸡蛋、黄油、面包、大米、面粉等，又在"自由市场"买土豆等蔬菜。回到公寓后，尽管有整天工作和下班后沿街购物的疲劳，但我们仍兴致勃勃地一起做饭，尽展厨艺。

白滨是做饭的主力，厨艺甚佳，尤善面食。晚上一边吃着自己做的饭，一边聊天休息，甚是惬意，吃完饭往往都过九点了。我们还多次在所住公寓设宴招待俄罗斯同行专家，有时客人、主人达八九个人，要包几百个饺子，还要有酒菜、肉食等。白滨每次都不辞辛苦，不惜力气。为节省时间，我们早晨上班时自带中午干粮，无非是面包、黄油、煮鸡蛋，没有蔬菜。二三十分钟吃完午饭、喝完茶后继续干活，不敢耽搁。

我们到圣彼得堡整理登录、拍摄文献共四次，每次我都参加。1994年第二次和白滨同往，1997年第三次和2000年第四次是我和聂鸿音同行。因第一次已将汉文部分整理拍摄完毕，此后都是整理西夏文文献。白滨虽主要熟悉汉文文献，但他整理起西夏文文献也非常认真。他的西夏文书写得清楚整齐，有不清楚时提出询问，工作一丝不苟。文献中有的布面或绢面内的衬纸系由多层纸粘贴成厚纸板做成，这些衬纸有不少是当时废弃的社会文书，学术价值很高。有的衬纸因年久脱胶松散，我们见到便轻轻掀开一层层衬纸，仔细登录。白滨分工整理经折装西夏文《大方广佛华严经》，该经

1994年白滨在俄罗斯整理文献时抄录的部分卡片

80卷，多有封面。经白滨精心整理，发现了很多珍贵的西夏文和汉文文献残页，增添了不少有价值的资料。

那年我们二人完成任务，取道莫斯科回国。到莫斯科当天晚上与一位中国留学生聊天，他谈到出门要注意安全，街上有一些年轻的吉卜赛人专门拦路抢劫，主要针对中国人，还给我们描述了那些吉卜赛人的形象。在办理回国手续之余，我和白滨于9月24日去参观红场等地。我们在大街便道上行走时，忽然看到一群青年男女向我们走来。我们一看，这不是前天说起的吉卜赛人吗。这些人呈半圆形向我们包围过来，另一面是汽车飞驰的公路。白滨见势不妙，极快地向公路对面跑过去。我反应过来后那群人已经离我很近，其中一个人已向我伸出手来。我也学着白滨不顾汽车飞驰的危险，一面打着手势，一面向公路对面飞奔。在汽车减速停车

1994年9月24日与白滨（左）在莫斯科烈士纪念碑前

的声响中我也安全地跑到了公路对面。两人一边跑，一边回头看。那帮吉卜赛人无奈地看着我们逃脱，可能心里在说：这两个不要命的中国人！我们惊魂甫定后，依然按计划游览红场，瞻仰克里姆林宫旁边的烈士纪念碑。后来我们谈及这次有惊无险的经历，仍心有余悸。

四、合作研究　再现西夏

我和白滨长期合作，文史搭配，主攻西夏，旁及民族史和民族古文字，既一起调查，又合作研究，合著出版了多种著作，共同撰著了不少论文。

1.《文海研究》

"文化大革命"末期，我在中国科学院图书馆看到苏联出版的《文海宝韵》上册，书中有西夏文刻本《文海宝韵》的全部影印件。《文海宝韵》是一部兼有《说文解字》和《广韵》特点的西夏文韵书。认识到这部书对于释读西夏文的巨大科学价值，我开始了艰难的翻译工作。经过几年的努力，我才将这部共有110页、3000多条目的文献初步译完。

后来白滨、黄振华陆续参加此项工作。黄振华和我一起校勘译文。为便于对照校勘字形和字义，我们做了全书索引。首先将每页10条共300多页的译稿复制30份，然后按条裁剪，做成数万张卡片。我们3人将卡片分别按西夏文部首、字形整理排列，再汇总统排。有时还请家属帮助做简单而费时的排号工作。经过我们长时间的编排，形成了一个可按部首和笔画查找《文海宝韵》的卡片库。同一个西夏字在《文

整理翻译《文海宝韵》
时的译文卡片柜

《文海宝韵》译文卡片

海宝韵》中出现过多少次，都能检索出来，这样不仅能通过一个字的多次出现订正西夏字的字形，更能查找到5000个西夏字的字义，大大提高了西夏文的释读水平。

当时新成立的中国社会科学出版社了解到此书的价值，愿意出版此书。但此书原件很多字迹不清，为使读者能看到比较准确的文字，我们决定同时刊出清晰的手抄本。这手抄的任务就落在了有西夏文书法基础，又耐心细致的白滨身上。他在裁好的宣纸上按《文海宝韵》原书的比例打好格，以我和黄振华给出的西夏字，依原书格式用小楷精心书写。这活儿既费体力，又费眼力，每天也就抄写一页，还累得够呛。足足用了三四个月的时间，白滨才抄录完毕。看到100多页精工誊录的抄写本，我们都非常高兴。后来使用此书的专家们也为有这个清晰的抄本而称赞不已。

1983年，《文海研究》正式出版。该书除有校勘过的原文和译文外，还依据《文海宝韵》中的资料，对西夏文的文

已出版的
《文海研究》

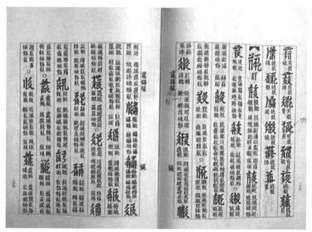

白滨抄录的西夏文《文海宝韵》页面

字构造、语音体系和西夏的社会生活作了研究。白滨依其专长撰写了《〈文海〉所反映的西夏社会》，对《文海宝韵》所载西夏的经济、社会政治和生活与文化方面的资料做了梳理和研究，使人们了解了很多过去不为人知的西夏社会状况。

2.《西夏文物》

20世纪80年代初，因联系我和白滨撰写的西夏文物论文之事，我曾多次到位于红楼的《文物》杂志社和文物出版社，认识了当时文物出版社的负责人王代文、俞筱尧和杨瑾同志。他们了解到我和白滨到西夏故地调研并获得很多西夏资料、拍摄了大量照片时，便约我们出版一部《西夏文物》。1981年6月29日，我和白滨到文物出版社与王代文、俞筱尧等同志具体协商书稿问题，他们有编纂文物图录的经验，提了具体要求。之后我和白滨与宁夏博物馆的吴峰云合作编纂，起草方案，搭建结构，编制分类目录。我负责整理过去调查拍摄的底片和照片，吴峰云负责整理补充宁夏的西夏文物。

文物出版社还要求补充拍摄一些彩色照片。出版社派专门摄影师拍摄，但需要有熟悉西夏文物和文物部门的编撰者配合前往。白滨承担了这项任务，又不辞辛苦地与出版社编辑和摄影师一起再次赴西北相关地区拍摄。这次带有比较笨重的拍摄器材，只去了一些交通条件较好的城市。书中所用大量的图版是我们原来拍摄的黑白照片，包括那些不易到达的陕西李继迁寨、武威小西沟岘、黑水城遗址等。彩色照片多是白滨协助出版社拍摄，部分是我访问苏联时拍摄的黑水城出土艺术品。

经过几年的努力，1988年《西夏文物》出版。此书分建筑、绘画、金石、铸造、木竹器、陶瓷器、世俗文献、佛教文献8类，刊布了400多种重要西夏文物图版，每一图版都有详细说明。这是第一次向学术界分类、系统地展示西夏文物。其中收入吴峰云、刘玉权、白滨、史金波撰写的4篇文章，白滨的《西夏官印、钱币、铜牌考》，网罗殆尽，列表排年，考证源流，奠定了这一领域的研究基础。

3.《天盛改旧新定律令》

1988年，克恰诺夫教授给我寄来他出版的俄文版《天盛改旧新定律令》，其中刊布了这一西夏法典的原文，并做了翻译和研究。核对俄译文后我感到克恰诺夫教授做出了巨大努力，卓有成效，同时也看到译文有不少值得商榷提高之处。我们觉得这部西夏法典应有从西夏文本直接翻译的中译本。于是我和黄振华、聂鸿音、白滨组成课题组，将此申报国家社科基金项目。得到批准后，便分工进行翻译。《天盛改旧新定律令》共20卷，残失1卷，存19卷。我们的工作程序是首先将原文1000多面图版复印，再将复印件每一面按行剪开，将每行字条隔行贴在稿纸上，在空行处做字与字对译，再在下一行意译成文。我们对译文反复斟酌修改，为避免杂事打搅，我们还专门用一段时间集中在郊区宾馆进行翻译、校勘。我、黄振华、聂鸿音分担卷数较多，白滨虽仅负责1卷，但他十分认真，后黄振华因承担其他业务退出。白滨除参加翻译外，还负责项目的经费管理、安排住宿、经费报销等，工作认真负责。

1994年，我们用了5年多时间合作的《西夏天盛律令》译本作为《中国珍稀法律典籍集成》之一种出版。这部西夏法典比较全面地记录了西夏政治、经济、军事、文化状况，多方位地反映了西夏的历史和社会。西夏学界对此译本有热情期待，记得我第一次将此译本带到宁夏时，因此书定价很

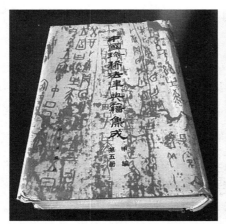

《西夏天盛律令》书影　　　　　　《天盛改旧新定律令》书影

贵，又不单册出售，同行们急需此书，纷纷复印，最后弄得此书几乎散架。此书出版后，参考、利用此书资料研究西夏社会、历史的著作和论文不断出现，推动了西夏历史和社会的研究。后经修订、补充后，又于2000年在"中华传世法典"中以《天盛改旧新定律令》为名出版。其中补充了部分新发现的内容，特别是卷前的"名略"，同时也对原来的译文做了部分修订，书后增加了索引。

当年出版的译本反映了我们当时的水平。现在看来，绝大部分条目的主要内容还是比较准确的。毋庸讳言，《天盛改旧新定律令》汉文译注本并非完本，其中有的问题我们不清楚，做了注释或留下问号，译文中有缺漏，也存在不少错译、误译以及前后不统一的现象。《天盛改旧新定律令》的译文需要不断修改、完善。

4. 《俄藏黑水城文献》

为出版中、俄合作的《俄藏黑水城文献》组成了编委会，白滨是中方编委之一，又是汉文部分（1—6册）的副主编，主要任务是与蒋维崧共同负责汉文部分的文献核对和叙录的编写。对黑水城出土的汉文文献，苏联专家孟列夫教授做过全面梳理和研究，并出版了专著。此次白滨和蒋维崧二位在孟列夫工作的基础上又逐件、逐页仔细核对，补充了很多内容，校正了一些文献名称，纠正了一些文献的断代错误，大大提高了对这批文献的认知水平，为学界的后续利用作出了重要贡献。后来我作为主编之一在审阅这部分叙录时，也发现了一些问题，比如根据一些文献的"明"字缺笔避讳现象，可将一批文献由原来的元代改定为西夏时期。后来这些意见也为白、蒋二位接纳，落实在出版的叙录中。

在编辑《俄藏黑水城文献》的西夏文部分时，虽由我和聂鸿音主要负责，但白滨也热情参与。记得当时上海古籍出版社每次给我们寄来分卷的数百张放大照片时，为便于展开分类编排，我们便借用所里会议室的大桌案摊开摆放文献，三人依类提取照片往复编排，有时一干就是一整天。后来自第12册开始编纂西夏文社会文书后，用电子版编辑就方便多了。

我们在第一次从圣彼得堡回国后，虽仅整理、拍摄了俄藏黑水城文献的部分文献，但为及时使国内外研究人员尽早利用这些资料，便用边整理拍照边出版的方法，至1997年已出版4册8开本精装书（汉文3册、西夏文1册）。当年4月由中国社会科学院和上海古籍出版社在北京举行了隆重的首发式，全国人大常委会副委员长铁木尔·达瓦买提、国务委员司马义·艾买提，中国社会科学院党委书记王忍之、常务副院长汝信等领导同志和史树青、周绍良、马学良、蔡美彪等知名学者出席。克恰诺夫教授也被邀请前来赴会。与会领导和专家们对《俄藏黑水城文献》给予了高度评价。白滨参与会议接待俄方和上海来宾的工作。会后我们一起陪同克恰诺夫教授和上海古籍出版社的专家们到河北省遵化市参观清东陵。两国三方合作出版《俄藏黑水城文献》的专家们又聚集在一起，为合作顺利感到高兴。

《俄藏黑水城文献》持续出版，至今已出版31册，还有2册即将全部完成，前后持续近30年，可以说大家用了半生的时间做这件为西夏学打基础的事，其中有白滨先生的心血。

此外，我和白滨先生还在西夏、民族古文字、民族历史等方面合作撰写近20篇论文，一起参加了诸如《中国历史大辞典》（辽夏金元卷）、《敦煌学大辞典》《中国少数民族史大辞典》等的编写工作。

五、调研结合　贡献突出

白滨先生一生勤勉，著述等身。除前述我们合作的著述外，他独自出版了多部著作，如在西夏学界广为人知的代表作《元昊传》《党项史研究》等，皆受到学界的好评。

他还参加了多部由著名专家主编的中国通史的编撰，承担其中有关西夏史部分。如白寿彝总主编的《中国通史》、周谷城主编的《中华文明史》、王锺翰主编的《中国民族史》、白钢主编的《中国政治制度通史》等。

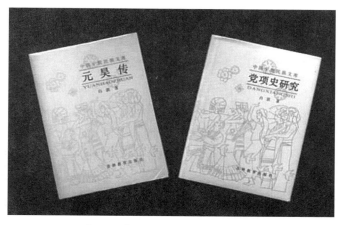

《元昊传》和《党项史研究》书影

他发表文章百余篇，其中很多精彩论文为大家所学习、引用。他还翻译了苏联专家戈尔芭切娃、克恰诺夫撰著的《西夏文写本和刊本目录》一书，使学界较早地了解到苏联所藏丰富的西夏文文献目录。

白滨出身山西省平定县，他热爱家乡，写了不少与家乡有关的文章，他也因学术上的贡献而成为家乡的名人。

白滨多才多艺，能文善诗，钟情书法。其西夏文书法别具一格，被称为"白体"。他的书法作品曾到日本进行展览，回国后又在中国国家博物馆、宁夏博物馆等地展览，颇受称赞。他撰写的考察随笔《寻找被遗忘的王朝》，多记载我们当年一起到敦煌莫高窟、安西榆林窟调查和到西北西夏故地考察之事，记载详细、生动。我作为亲历者看了感到又回到了当年的岁月。

挂靠在民族研究所的全国性学会中，有两个与我们所在的历史研究室有关，一是中国民族史学会，一是中国民族古文字研究会。白滨作为历史室的骨干学者之一，热心民族史学会工作。我们往往一起参会，他多负责参与会议的资料工作。当时都是打印的纸质论文，每位与会者按出席会议人数上交几十份论文。资料组收到后再按人分发，工作繁复量大，白滨总能组织得井井有条。他对中国民族古文字研究会的贡献更大，参与开创工作，是学会的元老。他长期担任秘书长、理事会顾问，不仅参与历次学术研讨会的组织工作，还负责学会的会员登记、学会经费等日常事务。他认真负责、耐心细致的工作精神得到大家的一致赞扬。

白滨身体素质很好，能吃苦耐劳，但睡眠不理想。我和他出差同住一室，他需要早早入睡，而我晚上有工作的习惯。于是我便将室内台灯用报纸遮起来，只留我工作的桌面有灯光，以免影响他睡眠。在我们办公室内破例地放了一张床，那是特意给白滨午休用的。白滨退休后，因工作需要，民族所和《俄藏黑水城文献》课题组仍然返聘他多年，继续发挥其作用。

他后来退休在家，我们还不时通电话。一段时间他告诉我他得的是抑郁症，睡眠每天只有两三个小时。后吃中药治疗，胃又不能承受。最后住医院精神科治疗，医院管理甚严，限制个人行动，治疗后有所好转。

我和白滨长期共事，相互熟悉，工作契合。我们都能在工作上沟通商量，生活上互相照顾。有不同看法及时交换意见，取得共识，这大概是我们能长期合作的原因之一。后来白滨身体欠佳，业务联系渐少，但他仍关心学术。他或因不了解情况，或因听他人传说，对后来《俄藏黑水城文献》出版迟缓提出意见。后来在一次我们两人都出席的学术会议的间隙，我向他说明编辑的西夏文社会文书（3卷），多是西夏文草书，与编辑已有整理基础的汉文文献和其他世俗文献完全不同，仅我一人承担编辑工作，费时费力，致使延宕。他听后表示理解。

我2015年退休后，开始参加春节前所里离退休老干部聚会，多了和白滨见面的机会。他身体欠佳，由夫人陪同前来。2017年又一次聚首，我和他与两位研究藏学的老同事一起合影留念。这几年因疫情原因，未能如期见面，春节时我都会打电话拜年问候。而那次合影竟成了我们二人最后的见面。

2017年与白滨（左三）及两位老同事一起合影

透过上述回忆我和白滨先生交往依稀可辨的雪泥鸿爪，可以看到白滨先生执着追求学术、孜孜不倦工作的奋斗历程。他对西夏学、民族古文字学和民族史学都作出了卓越贡献。白滨先生走了，我为失去这样一位长期密切合作的同事感到悲痛！前几年甘肃文化出版社组织出版"西夏学文库"，我作为主编之一将白滨先生的论文集列入先期出版计划，现已出版，名为《西夏民族史论》。他和我合作的论文集也纳入了出版计划，为此他还给我寄来了亲笔签署的委托书。因我们的论文集被出版社安排稍靠后，至今尚未出版。今后要与白滨先生家属和出版社共同努力，早日出版此论文集，以缅怀白滨先生。

（原载《澎湃新闻》2022年8月4日）

刘玉权《西夏石窟艺术研究》序

　　敦煌，是世人瞩目、令人神往的地方。她有保存了中国长达十个多世纪文化艺术精品的莫高窟石窟群，有发现了大量文书、举世闻名的敦煌石室，更为可贵的是，这里有一支不畏艰险、保护洞窟、潜心研究、成绩卓著的专业队伍——敦煌研究院的专家们。由于这些专家一代接一代的不断努力，大大推动了敦煌学的发展，使这里成为敦煌学研究的中心。在我十分尊重的这些专家中，刘玉权教授是我很熟悉的一位。

　　玉权教授是著名的敦煌学专家。敦煌学早已是国学中的显学，除中国有众多学人从事研究外，世界上很多国家的专家也热心敦煌学研究。敦煌学的巨大进展，大大深化了人们对中国历史文化的认识，同时对东西文化交流也有了更深刻的理解。近些年来兴起的"敦煌学热"，表达了人们对敦煌学的重视和对敦煌学知识的渴求与向往。玉权教授也是一位知名的西夏学家。西夏学是一门新兴的学科，随着大批西夏文物、文献的发现和很多有价值的文献的解读，西夏学也步入了一个新的发展阶段，过去扑朔迷离的西夏历史文化逐渐显示出清晰的面貌，表现出诱人的文化魅力。其中敦煌大批西夏洞窟的考定和研究是重新对西夏文化认知的一个重要方面，玉权教授在这方面起到了关键作用。敦煌学包含了部分西夏学的内容，西夏学中也包含了部分敦煌学的内容。在敦煌学和西夏学连接的过程中，玉权教授和我相识相知，建立了研究情结，加深了友谊。

作为中国古代雄踞西北地区的重要王朝，西夏统治沙州（今甘肃省敦煌市）、瓜州（今甘肃省瓜州县）近两个世纪，在与敦煌莫高窟的开凿和妆銮有关的朝代中，西夏是管领莫高窟时间最长的。20世纪60年代以前，在敦煌莫高窟近500个洞窟中，确定属于西夏时期的只有屈指可数的几个洞窟，加上榆林窟中的西夏洞窟也不过七八个。1964年，敦煌学界、西夏学界、考古学界老一辈学者原敦煌文物研究所所长常书鸿先生、我的导师王静如教授、北京大学的宿白教授认为有必要对莫高窟和榆林窟中的西夏洞窟作全面考察。于是在1964年秋季，由敦煌文物研究院的前身敦煌文物研究所和当时属于中国科学院的民族研究所共同组成敦煌西夏资料考察组，由常书鸿教授和王静如教授任组长，宿白教授作顾问，参加考察组的成员有敦煌文物研究所研究部主任李承仙、研究人员万庚育和刘玉权，民族研究所的研究人员白滨和正在读西夏文研究生的我，甘肃省博物馆的研究人员陈炳应当时正向王静如先生学习西夏文，也参加了部分考察工作。

考察组重点对原认为属于五代、宋、回鹘、西夏的100多个洞窟进行全面考察，将洞窟的壁画、塑像和洞窟形制特点，西夏文和汉文题记以及历史文献记载作综合性研究，以确定究竟哪些洞窟属于西夏时期，他们有什么特点。考察工作持续了近3个月。尽管那里条件十分艰苦，但我们有幸在较长时期内徜徉在敦煌艺术的海洋之中，每天出入在能工巧匠们开凿的洞窟之中，欣赏洞窟内栩栩如生的彩塑、壁画中呼之欲出的人物形象、窟顶藻井中气势生动的飞龙和舞凤，尽情地吸收那里的艺术营养，欣然有得，内心总是沉浸在兴奋和满足之中。这期间我们另一个收获是在这里结识了敦煌文物研究所的不少专家，并经常得到他们的热情帮助和指导，如段文杰、霍熙亮、史苇湘等先生，使我们受益匪浅。李贞伯先生负责考察组的摄影工作，我的一些基本摄影知识，就是李贞伯先生耳提面命教给我的。

我们的考察组有具体的分工。玉权教授当时在宿白先生的指导下描摹有关洞窟中的佛像、图案、洞窟形制，进行分类排比研究。我在王静如老师的指导下寻找、抄录洞窟中的西夏题记，并将西夏文题记译成汉文。当时玉权、白滨、炳应几位和我都是20多岁的青年，朝气蓬勃、精力旺盛，都有一股为科学奉献的精神。特别是玉权教授从1959年大学毕业后就远离家乡来到条件艰苦的敦煌莫高窟工作，已有5年多的时间，饱尝那里秋冬的风沙和夏日的蒸晒，整年喝着当地苦涩的咸水，在人迹罕至的洞窟中默默无闻地工作着。我们很敬佩他为敦煌艺术而甘愿奉献一生的敬业精神，由此我们更钦佩那些先期来到敦煌，为保护敦煌的艺术珍品而奔走呼号，披荆斩棘为开创敦煌学而艰苦奋斗的前辈们。3个月当中，我们和玉权教授朝夕相处，经常在一起切磋学术，赏奇析疑，谈古论今，感情甚笃，友谊日增。我在敦煌学方面的一些知识的积累，常得益于玉权教授。

那一次考察进行得很顺利，也很有成效。在莫高窟和榆林窟两窟群的38个洞窟内发现西夏文题记100余处，其中有纪年的10条，有绝对年代可考者5条。汉文题记中有西夏纪年者8条。根据洞窟中有年款的西夏文和汉文题记，以及洞窟的壁画内容和艺术特点，结合历史文献中西夏在敦煌一带的活动记载，初步确定莫高窟的西夏洞窟有77个之多，榆林窟有11个，同时还对这些洞窟作了更细致的时代分期。这一结果使敦煌的洞窟分期有了很大改观，科学地体现了莫高窟洞窟的时代布局，为敦煌学研究作出了贡献。由于莫高窟和榆林窟中大批西夏洞窟的认定，大大丰富了西夏宗教和艺术的资料，给西夏研究以极大的推动。莫高窟和榆林窟从此成

1964年与王静如先生（左二）、刘玉权（左三）、白滨（左四）在莫高窟合影

了西夏学专家们必须要考察和学习的圣地。这一工作还开创了敦煌文物研究所与其他科研部门合作研究、共同攻关的先例。以前敦煌文物研究所主要以洞窟保护和壁画临摹为主，后来逐步向考古、历史研究相结合的综合性研究方向发展。这次西夏洞窟资料的考察和研究，是国内敦煌学研究向综合性研究发展的一次成功尝试。在这一过程中，玉权教授发挥了熟悉美术的特长和善于钻研的精神，作出了重要贡献。

考察结束后，两个研究所的有关人员还要继续进行后期研究工作，准备形成正式的研究报告。但这项工作由于"文化大革命"的开始而中断了。粉碎"四人帮"以后，随着科学的春天的到来，敦煌学和西夏学都进入了新的发展时期。王静如先生于1980年发表了《敦煌莫高窟和安西榆林窟中的西夏壁画》一文，开始了对敦煌西夏洞窟研究成果的刊布。此后我们便不断在一些重要刊物和论文集中见到玉权教授的重要论文。其中我最关注的是关于西夏洞窟分期和西夏洞窟艺术特点的论文，如《敦煌莫高窟、安西榆林窟西夏洞窟分期》《西夏时期的瓜、沙二州》《西夏时期的莫高窟艺术》《略论西夏壁画艺术》《再论西夏据瓜沙的时间及其相关的问题》等。此外，有关西夏版画和壁画的专题研究的论文也使我很感兴趣，如《本所藏图解本西夏〈观音经〉版画初探》《榆林窟第三窟〈千手经变〉研究》等。以上有些论文的内容早先与玉权教授交谈中听过他的阐述，但后来论文中的内容更加丰富、资料更加翔实、论述更加系统，因此我又抱着学习的态度，认真研读玉权教授的论文，有的文章阅读了多遍。这期间，白滨教授和我也相继发表了一些考释莫高窟、

1964年与白滨（左二）、陈炳应（左三）、刘玉权（左四）在莫高窟合影

榆林窟西夏文题记和介绍敦煌西夏资料的文章。

20世纪80年代初，我和同事白滨、宁夏博物馆的吴峰云同志共同编撰《西夏文物》一书时，就选收了莫高窟、榆林窟西夏洞窟的资料图片50多幅。当时文物出版社希望我们撰写几篇质量较高的学术论文置于书首。我们拟定撰写有关西夏建筑、艺术、器物、文献四篇论文。关于西夏艺术的论文的撰写，大家共同认为非玉权教授莫属。当我写信请玉权教授赐文后，他在百忙中按时寄来了文稿，这就是那篇在《西夏文物》中发表的力作《略论西夏壁画艺术》。这篇论文分析了西夏壁画在题材和布局方面的特点，从构图、造型、线

1980年与陈炳应（左二）、刘玉权（左三）、白滨（左四）在西夏陵合影

描、敷彩几个侧面探讨了西夏壁画的风格，还论述了西夏壁画在中国美术史和西夏历史研究中的地位。这是对西夏壁画第一次全面、深入的探讨，为《西夏文物》一书增色不少。

　　玉权教授的论著涉及范围很广，就石窟寺艺术而言，从早期的隋朝至晚期的元代，都有所涉猎；从论述内容而论，包括艺术、考古、历史、文献和民族。在历史上敦煌是多民族活动的地区，很多西北地区的少数民族在这里留下了历史的足迹，创造了珍贵的艺术作品。玉权教授对西夏和回鹘的洞窟分期和艺术特点刻意探求，功力很深，同时他还对回鹘和西夏在瓜沙地区的活动深入研究，成绩卓著。据我所知，同行们都把玉权教授的论文视为这一领域的权威论述。玉权教授的论文给我最深的印象是其论点建立在大量扎实的资料基础之上，而这些资料都是经过悉心搜集、科学整理、精心比较和认真分析的。对于艺术我是外行，但观不同时期的艺术作品，有的差别明显，有的又有继承关系，其差别则在几微之间，很难区分。玉权教授对不同时期艺术品的观察十分精细，大到洞窟的布局、内容的演化，小到人物眉眼、口鼻、须发的变化，衣服、冠带、饰物线条的勾勒，色彩的晕染，都能做到细致入微。因此利用资料进行分析研究时，能够得心应手，抓住特点，得出恰当的结论。他有时还兼采用统计学的方法，使其对资料的分析和处理以及时代的论证更加可信。玉权教授的论著使我受益良多，在我研究西夏文化和西夏佛教问题时，玉权教授和万庚育先生的文章是我必定要拜读和引用的。

2017年在兰州与刘玉权先生（左）合影

光阴荏苒，一晃30多年已经过去。我的导师王静如先生和常书鸿先生先后病故，使西夏学界和敦煌学界受到重大损失。我们这些当时的年轻人，都早已过了知天命之年。这期间，我和玉权教授有几次见面的机会，也不时有书简往来。我感到玉权教授的工作范围更加宽阔，学术功底愈加深厚。从他身上我看到了敦煌文物研究院专家队伍的成长和发展，看到了敦煌学现在的成就和未来的前景。

听说玉权教授有关西夏石窟艺术研究的文集即将汇集出版，我感到非常高兴。论文集中收入了玉权教授已经发表过的重要论文，这就方便了从事敦煌学和西夏学人的检阅；其中又收入了玉权教授的一些新作，这是他对敦煌学和西夏学的新贡献，同时又给了大家一次学习和交流的机会。玉权教授嘱我作序，自知不能胜任，又难辞斯命，谨为上述，聊充序文。

一九九六年五月写于北京

（1995年初，玉权教授来信称，敦煌研究院将出版一些专家的论文集，玉权教授论文集亦在其中。他嘱我为序。此序写成后，我即寄交玉权教授。后来玉权教授因目疾等原因，论文集未能及时出版。后玉权教授的论文集被纳入"西夏学文库"中于2022年出版，仍采用笔者20年前写就的序言。）

（《西夏石窟艺术研究》序，载刘玉权著：《西夏石窟艺术研究》，甘肃文化出版社，2022年）

我和中华书局的半世纪出版情缘

今年中华书局喜迎成立110周年。年初，中华书局局庆筹备办公室负责人邀我写一题字。本人书法平平，但懂得西夏文字，便于西夏文文献中寻觅"最上福田"四字，恭敬描摹，聊表祝贺，以颂扬中华书局造福民众、滋养中华文化的巨大成就和贡献。

我从事西夏文史、中国民族史、民族古文字研究研究60年，对中华书局有一种油然的亲近感。中华书局是以整理古籍为主的专业出版社，在

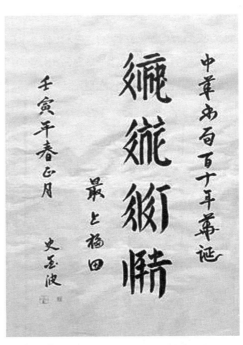

2022年为中华书局110周年华诞题写
西夏文祝词"最上福田"

整理出版古籍和学术著作方面成就非凡，为学界和社会提供了优质的精神资源，贡献卓著，享誉海内外。从我的研究经历体会到，古籍重要，版本重要，中华书局的作用十分重要。

中华书局整理出版的大量古籍和研究著述，汇聚着众多专家们的成果，也凝结着中华书局诸编辑专家们的心血。中华书局以助力弘扬古籍国粹为旨归，对中华民族文化事业的继承和发展作出了巨大贡献。

一、师辈参与校订"二十四史"

研究历史，离不开"二十四史"，而中华书局整理出版的"二十四史"是研究文史的专家们离不开的精品书籍。"二十四史"的整理校订，受到毛主席和周总理的重视，也因"文化大革命"而中途停止，后来这项工程又奇迹般地恢复了，据说还是得到毛主席和周总理的指示。

当时中国科学院哲学社会科学部（简称"学部"）被下放到河南"五七干校"劳动，其中包括我所在的民族研究所。1971年，我所著名元史专家翁独健先生、著名西夏学家王静如先生突然被调回北京。后来得知，翁独健先生很快参加了"二十四史"中《元史》的标点、校勘工作。他有深厚的史学功底，尤擅长元史，在校勘工作中尽心竭力，忠于所事，查阅了大量史书，勘出书中错讹千余处，使中华书局出版的《元史》标点本，成为最好的版本。后来"五七干校"结束，全部人员返回北京。我所的著名辽金史专家陈述先生参加了《辽史》的校订工作。民族所两位老专家参加主持了

"二十四史"中两部史书的标点、校订工作，为此项工程作出了贡献。

"文化大革命"后，翁先生恢复了民族研究所副所长职务，并主管民族历史室工作，而我也进入历史室领导班子，先后担任副主任、主任职务，不仅在民族史业务组织管理方面得到翁先生的指导，在具体西夏和民族古文字研究方面也得到先生的教诲，他经常告诫我们，看史书要注意版本，并以其校点《元史》人名、地名的复杂性，指导我们注意在民族史研究中的特殊性，使我们受益良多。

经过二十多年的学术积淀，十多年前中华书局又开始了点校本"二十四史"的修订工程，现已有多部史书以更加准确的新面貌问世，中华书局精益求精的精神为学术界赞叹不已。

二、联系出版《民族史论丛》

翁独健先生在指导民族历史研究时，既注重整体规划，也注意抓住重点，亲自组织《中国民族关系史纲要》的编纂，还特别重视学术园地的建设。早在1981年他就提出民族研究所应该出版民族史方面的刊物，后来决定联系出版《元史论丛》的中华书局，以促成此事。1982年夏，我受翁先生指派，代表民族研究所历史室到王府井大街36号的老中华书局，找姚景安同志商谈。景安同志既是中华书局的编辑，又是元史研究专家，负责出版翁先生主编的《元史论丛》。他在一个立满书架的编辑室接待我，因有翁先生的事先介绍，

中华书局出版的《民族史论丛》第一辑

我们商谈甚为顺利，中华书局同意出版《民族史论丛》，格式同《元史论丛》，简体字，页下注，由民族所辑稿、初编，中华书局编审定稿，不定期出版。

此后我们便紧锣密鼓般地编纂《民族史论丛》第一辑。由翁独健先生做主编，包括我在内的6人组成编辑组，邀请所内

外专家撰写稿件，最后选用了23篇论文，其中收录了著名史学家方国瑜、王锺翰、张正明等的论文，此外有不少民族所历史室年轻专家的新作。1987年由中华书局出刊，16开本，共38万字。翁先生题写书名并撰写了发刊词，指出此丛刊的出版"实现了民族史研究工作者多年的愿望，从此有了一个专门发表民族史专题研究论文的园地"。

此论丛由于种种原因未能连续出刊，但它的确是民族史研究新园地的一个开创，为我们出版民族史论著文集积累了经验，特别是在与中华书局专家们共同协作中学到了编辑论文的规范要求、注意事项，增长了编辑才能和经验，使我们受益终生。

三、参加90周年、100周年庆典

2002年中华书局成立90周年，6月6日上午在人民大会堂举行隆重纪念大会，布赫等领导和著名专家季羡林、任继愈、启功等出席。下午移师香山饭店，召开"中国传统文化与21世纪"国际学术研讨会。

我也受邀参加大会和学术研讨会，会上聆听了中华书局总经理宋一夫和程毅中、崔文印等专家的发言，更加深入地了解了中华书局在古籍整理出版方面的系统贡献。

我在会上做了题为《西夏文文献的价值和整理出版的新进展》的发言，首次向古籍整理出版界介绍西夏古籍的发现、存藏部门和重要文献整理翻译的进展情况，特别是介绍了我们与存藏西夏古籍最丰富的俄罗斯科学院东方研究所圣彼得堡分所合作整理出版《俄藏黑水城文献》系列丛书的成绩，使学术界了解了这一大宗流失海外古籍复制回归出版的进展。翌年，中华书局出版了《"中国传统文化与21世纪"国际学术研讨会论文集》，刊布了研讨会的论文。

2012年中华书局成立100周年，事先接到中华书局发来的参加庆祝大会的邀请函，我深感荣幸。同时还收到为中华书局百年诞辰题字的要求，有些纠结。本人书法平平，难登大雅之堂，便未回复。过了些天，中华书局的老朋友柴剑虹来电话说，为本书局题字专家就剩下你和樊锦诗了，希望尽快写好寄来。我推辞不过，便写了西夏文"知识精进"奉上。

3月22日下午在人民大会堂举行中华书局百年纪念大会，

前来参会祝贺的专家有数百位，李长春等领导来看望中华书局和与会专家，刘延东同志发表祝词，盛况空前。会前大家先看展览，其中间悬挂着二三十幅题字，有陈云、郭沫若、齐燕铭等老领导、老专家的早年题字，也有著名专家饶宗颐、冯其庸、裘锡圭、傅熹年、安平秋、袁行霈、蔡美彪、张传玺、楼宇烈等人题字，后来发现本人的题字也忝列其中，顿觉汗颜。本人

2012年为中华书局百年华诞题写
西夏文祝词"知识精进"

的涂鸦进入人民大会堂实在是蹭了中华书局百年大寿的热度。

四、出版民族古文字专著

我大学学习彝语，后研究西夏文，改革开放后与研究其他中国民族古文字的专家们联系渐多。1980年，在季羡林、

翁独健等老一辈专家的大力支持下，成立了中国民族古文字研究会，我先后担任秘书长、副会长和会长，为大家服务。其间，对中国民族古文字各文种的文字、古籍有了比较多的了解。我的老朋友黄润华同志大学学习维吾尔语，后熟悉新疆诸文字文献和满文文献。我们在研究工作中感到，学术界缺少一部按时代先后全面论述中国古代少数民族文字文献的著作。这样的著作难度很大，其中包括不少民族文献缺乏明确的时期，需要仔细考证斟酌。我们商定要克服困难，集中精力合作编写这样一部书。经过几年的合作调查、编写，同时征询、吸纳了很多民族古文字专家的意见，最后书稿完成，名为《中国历代民族古文字文献探幽》，我们决定请对古籍出版非常专业的中华书局出版。

中华书局接受了这部书的出版，由编辑室主任李晨光同志和马燕同志负责编辑。此书涉及多种民族文字，为了增加读者的直观认识，书中插入了很多各民族文字古籍的图版，达250幅。这些民族文字的图版对编辑来说，无异天书一般，稍有不慎就可能反置、倒置。中华书局的编辑专家们认真负责，很好地完成了编辑工作，于2008年顺利出版。

此书出版后有较好的学术影响。特别是2007年国家开展了全国古籍保护工作，同时在全国范围内开展评选国家珍贵古籍名录的工作，其中包括少数民族文字古籍。这部著作的适时出版，使少数民族文字古籍登录和珍贵古籍名录的评选工作有了相应的参考书。在此期间，中国古籍保护中心还开办了少数民族文字古籍培训班，即以中华书局出版的这部著作为基本教材，我和黄润华同志被聘为授课老师。

五、《西夏文物》的系统出版

元代修前朝历史时，修了《宋史》《辽史》和《金史》，未修西夏史，因而西夏文献资料稀缺，社会历史面目不清，被称为"神秘的西夏"。近代以来发现了大量西夏文献和文物，可补历史文献的不足。新发现的文献文物除黑水城出土大量珍贵文献文物流失俄国、英国外，国内又陆续发现了很多西夏文物。特别是中华人民共和国成立后，随着文物考古事业的发展，西夏文物层出不穷。只是这些文物分散各地，除原西夏故地宁夏、甘肃、内蒙古，以及陕西、新疆、青海外，还涉及其他省区，地域分散，加之很多文物藏于文博部门，查找不易，制约了西夏学的发展。

2011年，全国哲学社会科学规划领导小组批准将"西夏文献文物研究"设立为国家社科基金特别委托项目，我为项目首席专家。当年我们将《西夏文物》的系统编纂出版列为重大项目，对国内存世西夏文物开展全面调查研究，汇集各地西夏文物资料，计划分5编出版，包括宁夏编、甘肃编、内蒙古编、综合编和石窟编。每编下设遗址、金属器、陶瓷器、石刻石器、木漆器、造像绘画、织物、文献、建筑构件等卷，卷下再设若干类。书中依次布列文物图版，每一文物尽量采用多维角度的图版，同时注重以准确、翔实的文字说明。各编依据文物数量分为若干册出版。

此书由我忝为总主编，各编皆有单独的主编，并和编委组成编委会。5编的主编分别是：《西夏文物·宁夏编》主编宁夏博物馆李进增馆长、《西夏文物·甘肃编》主编甘肃省博物馆俄军馆长、《西夏文物·内蒙古编》主编内蒙古博物院院长塔拉和李丽雅、《西夏文物·综合编》主编宁夏大学西夏学研究院杜建录院长、《西夏文物·石窟编》主编敦煌研究院名誉院长樊锦诗。

此大型系列丛书由中华书局和天津古籍出版社联袂出版，现已出版《西夏文物·内蒙古编》4册、《西夏文物·甘肃编》6册、《西夏文物·宁夏编》12册，《西夏文物·综合编》5册和《西夏文物·石窟编》8册待出。

在编纂过程中，中华书局的编辑专家负责最后把关审稿，往往能提出问题，指出错讹，弥补不足，为保障书稿质量起到关键作用。此系列丛书的出版，为西夏研究提供了大量实物资料，有力地推动了西夏研究，《光明日报》等多家媒体做了报道。

1900年，八国联军攻占北京时掠走了大量文献文物，其中包括法国驻北京领事馆官员自北京掠走的珍贵古籍泥金写西夏文《妙法莲华经》6册，后分别入藏法国吉美博物馆和德国柏林民俗博物馆。我于2012年访问法国吉美博物馆，并与该馆达成合作出版其保存的3册西夏文《妙法莲华经》。此书仍由中华书局和天津古籍出版社联合出版，书名为《法国吉美国立亚洲艺术博物馆藏西夏文献》，我与法国吉美博物馆图书馆馆长克丽斯蒂娜·克拉美罗蒂任主编，于2018年1月出版。当年获天津市优秀图书奖，翌年获2018年度全国古籍出版社百佳图书一等奖。

中华书局、天津古籍出版社出版的《法国吉美国立亚洲艺术博物馆藏
西夏文献》中的3册泥金写西夏文《妙法莲花经》

　　中华书局对西夏研究的支持还不止于此。2011年，中华书局还出版了宁夏大学杜建录教授主编的《党项西夏文献研究》，该书收录300余种正史、笔记、文集、碑刻以及出土文献中有关党项与西夏的资料，以地理、人物、职官、国名、纪年、物产、生态、社会、宗族、部落等项分类，设置词目3.3万余条，每一条都尽注所有出处，约500万字，分4大册于2011年出版。此书是检索党项、西夏文献资料的大型实用工具书。我受建录主编之邀，为该书作序。我在序言中写道：这部由近30位宁夏大学西夏学研究院的中青年专家参加、由中华书局出版的历史资料工具书，将文献词目索引与注释紧密结合，不啻一部研究党项民族和西夏王朝的百科全书。

已出版的《党项西夏文献研究》

　　5年后的2016年，中华书局和天津古籍出版社又合作出版了由杜建录任总主编的《中国藏黑水城汉文文献释录》，该书由宁夏大学西夏学研究院、俄罗斯科学院东方文献研究所、中国社会科学院西夏文化研究中心、甘肃省古籍文献整理编译中心等多家单位联合整理编纂，是对黑水城出土的4000件汉文文献全面、系统的整理，包括录文、叙录、校勘和注释，并且每件都有彩色图版，共9卷14册，分别为农政、钱粮、俸禄、律令与词讼、军政、票据与契约、礼仪与儒学、医算与历学、堪舆地理卷，内容丰富，洋洋大观。这又为西夏和元代历史研究作出了重要贡献，其中不乏出版部门的功劳。

　　中华书局作为一个出版古籍的权威出版社，能多次关注到新兴的西夏学科，为西夏研究提供新资料、新的整理成果、新的工具书，实为难能可贵，值得赞扬。

六、承担出版古代各民族文字契约成果

2014年，武汉大学陈国灿先生和出土文献与传统经济研究所的乜小红所长，邀我参加他们申报的国家社科基金重大项目"丝绸之路出土各族契约文献的整理及其与汉文契约的比较研究"，项目中包括西夏文、回鹘文和藏文契约卷。正好我近些年正在做西夏文契约的研究工作，也想通过这个项目与经济史专家们多交流、多学习，便愉快地答应下来，负责其中的西夏文卷。课题组主要成员包括回鹘学专家张铁山教授、藏学专家杨铭教授。立项后工作进展十分顺利，三种少数民族文字契约都按步骤进行，取得了阶段性成果。

大家认为我们整理的各民族文字契约属于古籍之类，应该请权威出版社中华书局出版研究成果。于是又接洽了中华书局，确定阶段性成果论文集和最后成果多卷本各民族契约整理、译释、研究都由中华书局出版。但令人想不到的是课题首席专家乜小红教授于2016年因病去世，令人悲痛。后课题首席专家由陈国灿先生接任，2017年在武汉大学召开了课题组会议，中华书局的刘明编辑参加会议，大家共同讨论进一步推进项目进展，明确质量标准和体例要求。

更令人想不到的是陈国灿教授也于2018年因病离世，令人痛上加痛。后来此项目由武汉大学颜鹏飞先生继任首席专家。课题组的专家们在接连损失两位首席专家的情况下，没

有灰心动摇，而是更加努力工作，决心更好地、高质量地完成项目。至2019年，各民族文字契约的《西夏文卷》《回鹘文卷》《藏文卷》都完成初稿，颜鹏飞教授和我受课题组委托，于12月20日到中华书局具体商谈成果出版问题。中华书局罗华彤主任、白爱虎编辑和我们一起具体磋商，就进一步完善书稿、尽快高标准出版达成一致意见。会后我们将意见传达给课题组，并再次强调书稿质量，统一体例规格，希望抓紧时间完成。

因西夏文契约数量很大，且多为难以识认的草书，开始设想可能难于全部整理、翻译完成，只能做完一部分。第一次初稿完成不到200件契约。后来因完成时限延长，又继续搜集整理、翻译，数量有了大幅度提升，至2020年底交出了一份有340多件契约的修订稿。后来感到既然要系统整理、出版一个文种的契约，应该尽量完整。中华书局的编辑专家也提出类似的要求。近两年来，我尽力全面、系统地核查国内外各相关部门所藏西夏文文献中的西夏文契约，无论完残，尽量网罗，收录编排，翻译注释，最后完成了一部500多件西夏文契约的书稿。这样就没有留下缺漏很多的遗憾。我在书稿后记中特别感谢中华书局的编辑专家：将多种民族文字契约编辑出版，是一件十分繁难的工作。他们兢兢业业的工作，使读者看到几百年、甚至上千年前的各民族的契约，从而了解中华民族多元一体社会丰富的内涵，值得称赞。

七、中华书局专家印象

我所接触的中华书局的专家们，不仅是古籍编辑的高手，还都是古籍整理和研究的专家。除上述提及共事的中华书局的专家外，还有一些专家给我留下了深刻印象。

2002年，国家正式建设重点文化工程项目"中华再造善本工程"，通过大规模、成系统地复制中国善本古籍出版，使之化身千古，为学界所应用，为大众所共享。该工程由一批专家组成编纂出版委员会，中华书局的专家傅璇琮、程毅中、许逸民都位列委员，本人也忝列委员。当时规定编纂出版委员会的工作职责是组织、推荐、评议、审核、论证预选书目；对工程有关学术问题提供咨询意见，负责日常编纂、出版工作，可见编纂出版委员会工作任务之重。在前后几年的工作中，大家一起遴选善本书目、讨论相关出版事宜，甚至细化到用什么纸张，在哪里印制。后期重点是请专家按统一体例、参考《四库全书》提要，为每一部入选书写一个提要。编纂出版委员会委员负责提要的审稿，当时是专家们写完一部分提要，编委会就开会集中审阅一部分。各委员每人就比较熟悉的专业范围分十几二十条提要审阅。各委员事先审阅所分提要，开会时一一发言提出修改意见，集体讨论。我在会上一面就自己分工审阅的提要提出意见，一面向各位专家学习，在经史子集版本目录方面受益不少。后来在大家的共同努力下，出版古籍善本1300余种，还出版了《中华再造善本总目提要》和《中华再造善本续编总目提要》，圆满完成这一重要文化工程。

中华书局的几位专家都认真审阅每一条提要，从书名、作者，到形制、内容，字斟句酌，一丝不苟，精益求精，提出补充和修正。

傅璇琮先生曾任中华书局总编辑，学问深湛，文史兼修，尤工于文学，出版多种文献整理、考证、研究著述。会上发言略带有浙江口音的普通话，引经据典，态度认真，令人钦佩。他曾将其撰著的一套著作寄赠给我，令我十分感动。

程毅中先生也是资深的版本学家，曾任中华书局副总编辑，长于集部小说类整理，搜求版本，考镜源流，著作等身。他整理出版的《古体小说钞》《宋元小说家话本集》为学界所称道。程先生工作认真，态度谦和，其公子程有庆也

在"中华再造善本工程"阶段性会议中与程毅中
（右）先生一起查看已经印出的再造善本

被培养成优秀的版本学家，在中国国家图书馆工作，我们也有学术交往。

许逸民先生是著名的版本校勘专家，其代表作《古籍整理释例》，精心撰著，成为古籍整理的教科书式的著作，其又作《酉阳杂俎校笺》，功力深厚，嘉惠后学。他还兼任北京大学袁行霈先生主编的《国学研究》的特约编委，主持该刊编辑。拙文《西夏书籍的编纂和出版》，即由逸民先生亲自编审，2003年刊登于《国学研究》第十一卷中。

2007年国务院开展全国古籍保护工作。这项重要文化工程旨在进一步加大古籍保护工作力度，推进古籍综合信息数据库建设，形成全国统一的中华古籍目录。为此专门成立了专家委员会，中华书局傅璇琮先生为顾问之一，中国国家图书馆李致忠先生为主任，安平秋、朱凤瀚先生和我为副主任。中华书局许逸民等专家参与。

其中有一项重要工作是全国范围内在古籍普查的基础上，建立国家珍贵古籍名录。国家珍贵古籍名录是中国政府为建立完备的珍贵古籍档案，确保珍贵古籍的安全，推动古籍保护工作，由文化部拟定，报国务院批准后公布的一份名录。每一批国家珍贵古籍名录都由专家委员会评审，然后报国务院审批公布。这一阶段中，我又与中华书局的专家参加全国古籍保护工作会议，进行珍贵古籍名录的评审工作。国家对此项十分重视，国务委员陈至立同志、国务院副总理刘延东同志先后参加全国古籍保护工作会议，并与专家们合影。

在这两项国家重点文化工程中，中华书局的专家们工作认真，学养深厚，见解深刻，给我以深刻的印象。

中华书局柴剑虹编审，编辑出版了大量著作，还是有名的敦煌学家。我们都是中国敦煌吐鲁番学会的成员，相识较早。剑虹后为学会秘书长、副会长，我则任顾问，有时一起参加学会活动。在季羡林先生主编《敦煌学大辞典》时，我们同是编委，在一起参加会议讨论问题。他给我的印象是学识丰厚、沉稳干练、谦虚厚道。他的老师是启功先生。我与中国国家图书馆黄润华同志曾因中国民族古文字研究会事登门拜访启功先生。启先生为中国民族古文字研究会做七律一首，并书写于条幅，由我们取回学会珍藏。我和剑虹都以季羡林先生为宗师。季羡林先生对民族古文字研究、对西夏研究始终给予热情的支持和关注。2006年的一天，我接到剑虹的电话，他说最近去看望季先生，季先生得知我被聘为中国社会科学院学部委员后很高兴，说："你看史金波成了新的学部委员，可见研究少数民族文字也大有可为。"后来剑虹在《光明日报》发表《季羡林谈古籍整理出版》时还引用了这段话。

此外，我与中华书局还有其他一些业务往来，比如给中华书局主办的《文史》审看一些相关的稿件，为中华书局出版的著作写专家推荐意见。中华书局出版了我所刘凤翥好友的《契丹文字研究类编》，该书参评2014年度全国优秀古籍图书奖时，我写了专家推荐意见，后此书获一等奖。

回顾50年来陆陆续续与中华书局的专家们来往，合作完成了不少工作，学得了很多知识，增进了与各位专家的友情，并对中华书局有了越来越深厚的学术情谊。今后还有一些未了的工作要做，如民族文字契约成果的出版。

在庆祝中华书局110周年诞辰之际，祝愿中华书局与新时代同频共振，再接再厉，精品纷呈，整理、出版更多、更好的古籍经典和学术新著，惠及学界，惠及大众，为中华古籍"活起来"再创新功，为弘扬中华民族文化作出新的贡献。

（原载《中华读书报》2023年7月5日）

漆侠先生对辽宋夏金史研究的巨大贡献

各位专家，大家上午好！

今天参加"纪念漆侠先生诞辰一百周年国际宋史研讨会暨中国宋史研究会第二十届年会"，我感到十分荣幸！

本次会议参会专家众多，其中有不少知名的老专家，更多的是年富力强的中青年专家，我感到非常高兴！这充分证明我们宋辽夏金史研究兴旺发达，后继有人！也证明中国宋史学会、河北大学宋史研究中心具有强大的学术号召力。

今天我们宋史研究者共同纪念漆侠先生，有很重要的意义。回想自从最权威的宋史专家邓广铭先生和漆侠先生倡议研究大宋史以来，成果卓著，特别是由漆侠先生亲任主编，有60多位专家参与编写的《辽宋西夏金代通史》，是一部大型断代通史，包括辽、宋、西夏、金各政权300多年的历史。全书分7卷（8册），共380余万字，规模宏大，内容丰厚。

全书以中华大一统和各民族平等的理念为指导思想，展现出10—13世纪辽、宋、西夏、金各朝政治、军事、经济、文化、科技、文物考古发展的历史，以及各政权之间及其与

在"纪念漆侠先生诞辰一百周年国际宋史研讨会暨中国宋史研究会第二十届年会"上致辞

域外等国的交流历史。

　　该书突破了以往对各王朝分别写作的惯例，以宏阔的时空观将各王朝历史依时间先后顺序论述，将当时中国境内各王朝的历史糅为一体，使各王朝的历史和相互交流的状况清晰地展示出来，增强了对这段纷繁复杂历史的总体把握和深刻认识，最后锻造出一部成系统、有特色、重创新的优秀学术成果。

　　这部书出版后对辽宋夏金史学术研究产生了积极的推动作用，足证此书的重要学术价值和良好的社会效益。后此书获河北省社会科学特别奖。

在新时代，对历史研究、对文化遗产的传承、对中华民族共同体的研究十分重视。我们要发挥宋史研究的优良传统，继承漆侠等老一辈专家们研究的理论、思想、方法和学风，使大宋史的研究更加深入，取得更多的创新性成果！

（2023年8月12日在"纪念漆侠先生诞辰一百周年国际宋史研讨会暨中国宋史研究会第二十届年会"上的致辞）

后　记

我自从事学术研究以来，至今已有60余载，共发表论文400余篇。这部《杖朝拾穗集》是我的第6个文集，前5个文集分别为：

1.《史金波文集》，"中国社会科学院学术委员文库"之一，上海辞书出版社2005年出版，收入文章36篇。

2.《西夏文化研究》，"中国社会科学院学部委员专题文集"之一，中国社会科学出版社2015年出版，收入文章20篇。

3.《瘠土耕耘——史金波论文选集》，中国社会科学出版社2016年出版，收入论文55篇。

4.《西夏历史文化钩沉》，"西夏学文库"之一，甘肃文化出版社2018年出版，主要收入本人西夏著作的序跋、评论等63篇文章。

5.《学海汲求》，甘肃文化出版社2020年出版，主要收入本人对老专家们的回忆、纪念文章，学术著作的序言、评论以及杂文等共53篇文章。

此次出版的《杖朝拾穗集》，为刘进宝教授主编的"雅学堂丛书"第二辑之一，由甘肃文化出版社出版，共31篇文章。

进宝教授对本文集热情邀约，悉心组织，认真擘画，细致入微，提出了不少好的建议。好在此编与我前面所出《学海汲求》内容、形式有些近似，力求视角多维、简明生动、深入浅出、通俗易读。我与进宝教授默契配合，在不长的时间里使文集得以顺利完成。当此文集出版之际，特向进宝教授表示诚挚感谢！

由上还可以看到，前3个文集都是中国社会科学院所属部门组织编纂出版，后3个文集都是甘肃文化出版社出版。看来我和甘肃文化出版社缘分匪浅。

甘肃文化出版社成立于1993年。该社一直秉承开掘民族文化蕴含、凸显特色出版张力、打造传世精品珍典的定位，先后策划出版了很多有特色、有价值、享誉学界的图书，特别是多种系列传统文化丛书更是引人瞩目。其中，出版的"西夏学文库"与我有直接关系。

2014年6月，时任甘肃文化出版社社长助理的郎军涛同志来我家晤谈。他了解到西夏学方兴未艾的情势，热情地提出能否由他们出版社出版一套100册的"西夏学文库"。我对他的大胆提议表示赞赏，但同时也提出了人才和时间的困难，并强调需要精心组织、保证质量。2015年他又与出版社代理社长管卫中来我家进一步确定出版"西夏学文库"之事，后出版社又联系宁夏大学杜建录教授。随后确定由我和建录共同担任主编，由甘肃文化出版社负责出版。此后进入具体筹划组织。2016年6月23日在中国社会科学院民族研究所举行了"西夏学文库"出版工作会，正式启动了这一重大出版工程。在出版社的努力下，"西夏学文库"纳入"十三五"国家重点图书出版规划项目，入选"国家出版基金项目"。其间，已经担任社长的郋军涛同志多次与出版社同仁来我家商谈相关具体事宜。我也曾到甘肃文化出版社拜访，与郋社长和诸编辑专家促膝座谈。2018年11月9日，在宁夏大学西夏学研究院举办了"西夏学文库"首发式暨座谈会。经过几年来西夏学界和甘肃文化出版社同仁的共同努力，现在"西夏学文库"已出版60余种著作，整体出版计划正稳步推进。"西夏学文库"持续推出一系列有学术影响的著述，有力地推动了西夏研究的进展，在国内外西夏学界产生了越来越大的影响。

2019年我年近80岁时，一些青年专家组织撰写纪念论文集，名为《桑榆启辰——史金波先生八十寿辰纪念论文集》，请甘肃文化出版社承担论文集的出版工作，并请郋军涛社长作序。军涛社长写了一篇8000多字热情洋溢的序。

这期间，郋军涛社长还与我联系，策划出版了展示多位师辈大家风采、评价多种著述和介绍诸种文献的杂文集《学海汲求》，探索了一种更多人喜闻乐见的文集模式。

总之，近些年来我与甘肃文化出版社郋军涛社长等出版社领导和同仁们过从甚密，从中了解到他们热爱中华优秀传统文化，不忘初心，钟情编辑出版工作，执着追求，既有创新精神，又有实干苦干的举措，成果累累，影响良好，值得赞扬。值此出版此论文集之时，对甘肃文化出版社的领导、编辑等参与人员"以朴见实、以诚见真"的出版态度，履行"以古鉴今、以文立世"的出版责任，践行"以严求精、以变求新"的出版作风表示衷心感谢！

2024年3月9日